FROM NORMANDY 1928
TO CALIFORNIA 2000

Robert Rémy Boudesseul

Order this book online at www.trafford.com
or email orders@trafford.com

Most Trafford titles are also available at major online book retailers.

Printed in the United States of America.

ISBN: 978-1-4251-2974-3 (sc)
ISBN: 978-1-4251-2975-0 (e)

Trafford rev. 05/22/2013

 www.trafford.com

North America & international
toll-free: 1 888 232 4444 (USA & Canada)
phone: 250 383 6864 ♦ fax: 812 355 4082

Foreword

I will not tell you tall tales, but I will tell you one true story. My life has been difficult, but I have lived it well. The purpose of writing a biography is to make a book that emerges from the self; it is difficult to speak about a subject without knowing it or without having lived through it.

For seventy two years I have appreciated various cultures. It is necessary to travel in order to truly know the beautiful things in life, to respect the ideas and the colors of our planet. I spent thirty-six years in France; I witnessed the Second World War. I shared in the emotions of the liberation of Normandy and France, and the events following the "Débarquement" on June 6, 1944. I completed my military service in Germany and Algeria. I spent fifteen years at the General Transatlantic Company on seven different liners, on board of which I saw and served international celebrities, presidents and chiefs of government. I explored many ports during the stopovers of the liners.

The next thirty-six years were spent in the United States of America; I traveled from North to South, from East to West by car. I finished this marvelous journey in California, spending time in San Francisco, Carmel and

Santa Barbara. In Carmel and Santa Barbara I became the proud owner of two different restaurants. I will remember these unforgettable memories for the rest of my life.

Robert Rémy Boudesseul

TO YOUR HEALTH

I was born in Normandy on August 1, 1928 in the little village of Chapelle-Bayvel in the Eure province. My parents were farmers and rather poor and they had five children. They met in Normandy: my father Robert François Boudesseul was an orphan from Villerville-sur-Mer in the Calvados province and my mother, Madeleine "Yvonne" Eude was the daughter of a small family of farmers from Fort Moville in the Eure province (Photo 1).

When I was born I had to struggle to survive. My father had to rock me in front of the fireplace for two days in a row because I was weak, I cried all the time. One night my father fell asleep with me on his lap and when he woke up, he saw me sleeping. For a moment he thought I was dead but to his delight I was still alive.

Life was difficult; the life of a farming family was uncertain. It was difficult in those times of shortages to feed the livestock: the animals often died because there were no vaccinations and the expense of veterinary care was above our means (Photo 2). In the year 1928, my parents had no money. One day my father went to the pond to fetch water, just as he did every morning. When he bent down at the edge of the pond, he noticed a page of newspaper folded into four pieces. He opened it and saw two fifty francs notes inside. The person who left this gift knew that my father would come and find this generous donation, which would help our large and under resourced family. My father did not know if he should take this money to the police or if he should keep it to help his family. After reflexion he decided to keep it all to feed his

5

family. This anonymous donation was truly an admirable gesture, which brought relief to our lives. It proved to my family, that there were, at all times, people who are full of kindness (Photo 3).

Photo 1 Chapelle-Bayvel, 1928]
[Photo 2 The farm, Robert is on the left of the house]
[Photo 3The family, Eure, 1930]

The Tuesday market in Beuzeville was always bustling with activity. The farmers came to town with dairy products from their farms and vegetables from their fields. The fishmongers from Honfleur brought fish, shellfish and crustaceans, their colors shimmering on beds of seaweed still dripping with seawater. Every Tuesday my parents also went to a "graineterie" (a seed store) to supply themselves with grains, flour and animal feed for the farm, it was located at 19 Rue Auguste Gérard. These weekly visits led my parents to think that they would be very happy to have a business of this kind. They talked about it to the owner who later offered to sell them his business. He proposed that my parents could finance the deal by paying monthly installments because my family did not have the means to pay cash up front. Once the sale was agreed upon, we set to work. My mother would bag the grains and flours and collect the money.

The hardest work fell on my father who had to carry one hundred kilos bags from the back of the shop to the front of the store and then deliver them with a handcart into the parking area where the customers waited to load them on their horse-drawn carriages. We children also worked at the shop, after school we made ourselves useful by doing various jobs: we opened the mouths of the bags to help fill them, we cleaned and maintained the store, and we carried the important mission of walking our beautiful black cocker spaniel, Linka, who was my father's pride and joy (Photos 4 and 5).After my parents finished paying for the "graineterie" business, they decided to buy the whole building under the same conditions. They worked very hard and after a few years of successful trade they were able to purchase a second-hand truck, with which to make deliveries (Photo 6). In the summer we also used this truck on Sundays to go to the beach at Deauville-Trouville. My father laid down bags of bran on the back of the truck, which we used as seats to make the trip more comfortable. Our father kept an eye on us while we were in the back as he did not like disorder, and he constantly reminded us to stay seated. (Photo 7). Sometimes we went fishing, but most of our Sundays were spent at my grandmother Eugénie's small farm (Photo 8). She concocted delicious meals in the hearth of the chimney. She cooked traditional French foods with tasty ingredients from her farm. She often cooked hare and we finished the meal with her delicious rhubarb pie. I liked to stay overnight at my grandmother's farm; in the morning for breakfast she served me hot milk with chocolate and sliced toasted bread with fresh butter and raspberry jam from the fruits of her garden.

In the summertime, when we were children, my older brother, Pierre and I went touring the farm on our bicycles on Sunday afternoons (Photo 9). We sometimes went with a group of children in the woods on the outskirts of town to participate in Boy Scout games with our leader, the village priest. The priest gave us advice about how to behave with our families and he mentored us to help us make safe decisions. His advice was always very instructive.
Every Saturday evening I took music lessons to learn to play the trumpet. The music studio was located at the rear

of the town hall of Beuzeville. I enjoyed these lessons very much but after six months I had to give them up as my family's finances were too precarious to enable me to continue. In the fall, my father, who liked to hunt, left early on Sunday mornings with our neighbor the barber. They always returned with half a dozen rabbits each. I still remember the fresh game lined up on the kitchen floor

[Photo 4 The "graineterie" at Beuzeville, Eure, 1935, and on the right, my parents]

*[Photo 5 Jacqueline, my sister, in Fat
Tuesday costume with our parents]*

[Photo 6 The second-hand truck with me in the back, 1935]

[Photo 7 My father and me in Deauville]

[Photo 8 Our grandmother's farm, with my father and Madeleine, his sister-in-law, in Fort Moville, Eure, 1937]

[Photo 9 With my brother on bicycles at our grandmother's farm]

My brother Pierre was a do-it-yourself enthusiast. Mechanics was his hobby and he would clean his tools for hours in his workshop. We lived a beautiful life and we spent very pleasant moments together. Oftentimes on Sunday afternoons my father officiated as a referee for "L'Etoile", the soccer team of our village. Pierre and I were part of the team. My favorite position was right wing because I liked to go on the attack of the goal of the opposite team and I often scored. The director of the club was the priest, Abbé Leguen, and he participated actively in the games. He often played with us and he used to stop the ball with his cassock by standing with his feet apart, it was particularly funny for us to see. In those days priests did not wear trousers. When we played soccer in front of the church, we sometimes broke the windows of the stores around the square, which brought us severe punishment from our father.

Pierre and I had to do our duty as altar boys on Sunday

mornings. It was not always fun especially for kids who would rather be playing soccer.

My fondest memories revolve around Christmas and the end of the year celebrations. I still remember seeing my little sister Jacqueline in a blue dress, singing Christmas hymns during midnight mass. My mother left the church before us to go home and prepare a special dinner. She made scallops "gratinées" (with breadcrumbs and cheese), turkey stuffed with chestnuts and a homemade Yule log which she had prepared the day before. This was the happy and traditional midnight of our family. It snowed every year at Christmastime and sometimes a snowman, the work of the village children, made its appearance in front of the church, an old hat and a broom under his arm humanized this statue of snow. We received gifts, which were always useful and were intended for use at school. I do not remember owning any toys during my youth. A bicycle was my first true Christmas present: I was seven years old. In our house nothing was discarded: shoes and clothing passed from one child to another. For New Year's Day, we received the visit of our aunts and uncles in the area. They brought our New Year's gifts which consisted of a five francs note which went directly into our piggy banks; they also brought us sugar cane candies.

Our parents raised and educated us very well: it was not easy for them to manage with five children; three girls and two boys. We owed it to them to obey and be polite. In 1937 our family was able to visit the extraordinary International Exhibition in Paris, which impressed me much despite my youth. During the same year, when Pierre was twelve years old and I was nine, my parents decided to enroll us at the college of Mesnière-en-Braye, which was part of the Institute of Saint Joseph. The school was located approximately five kilometers from Neuchâtel-en-Braye (Photo 10). The school could accommodate about five hundred students, every one in a navy blue uniform(Photo 11). This institution was very strict, but it was an effective program to prepare us for our futures. Our professors gave us a good and formal instruction in history, geography, arithmetic, natural sciences as well as in sports and gymnastics. On Sundays the boarders went for walks in the surrounding areas, for example, we went to Neufchâtel-en-Braye to see Walt Disney's "Snow White and the Seven Dwarfs" at the local movie theatre. The return walk was extremely difficult and after dinner we were all ready for bed.There were about twenty beds spread out on two rows in our dormitory and a supervisor at each corner of the room, we were to sleep in silence. Every three months our family would come and visit us. It was a joy for Pierre and I, but it was quite difficult to part at the end of each visit, there were tears in our eyes and our mother's. Once our family had left, the school routine resumed. We waited impatiently for the summer holiday when we could go home.

[Photo 10 The college at Mesnières-en-Braye, 1937]

*[Photo 11 The two schoolboys in uniform with
our mother and our sister Jacqueline]*

In 1937, anti-Franco Spanish Nationalists arrived in Normandy. My family welcomed four of these refugees; they worked in the store for food and shelter to survive their sad fate. Our own future did not look much brighter. In 1940, France declared war to Germany. France planned to fight with a regular army that included five hundred tanks, half of which were broken down. Colonel de Gaulle tried to promote the reinforcement of the army tank divisions but his suggestions were in vain. France was not prepared for war at that time, but took the sad decision to wage war upon its neighbor anyway.My brother Pierre and I had to return to the family home when the war began, and from that moment, we had to say good bye to our studies. On the day of the declaration of war, our Spanish friends were very upset; they were kneeling down on the steps of the church and were raising their hands towards the sky and crying, it was very sad to see. The exodus had already started, and soon innumerable civilians from the North of France arrived. Some came in cars, others in horse drawn-carriages, but the majority of people, tired and starving, arrived on foot, many were pushing baby carriages loaded with packages and bags. It was tragic to witness the migration of all those people and to see thousands of displaced children, elderly; some of them could barely walk.The men who were of the age to be enlisted were mobilized and some had already been made captive in the combats in the North of France and had been taken to prison camps in Germany which was the case of my father (Photo 12). I saw the first German occupants arrive in our town; they were on horse-drawn carriages and seem more friendly than aggressive. They were part of the regular German army: the Wehrmacht. I remember vividly the day the first occupants arrived, I ran with two friends to the corner of the street close to the church, we were twelve years old, and we saw the Germans arrive on the road from Pont-Audemer. One of the soldiers disembarked from his carriage and came in our direction; he had a hand grenade tucked into his boot, which frightened us. He ruffled our hair while saying a few words in German, which we did not understand and that was all.

[Photo 12 Our father in military uniform in the center of the picture, before becoming a prisoner of war, 1940]

The Germans established their headquarters in a house which served as a restaurant, close to the town hall of the village: it was called the Kommandantur. The majority of the Germans soldiers were assigned living quarters within private homes in the village. Our house had four bedrooms and the Germans requisitioned one of them for four soldiers. One of them was an eighteen year old young man named Thomas; the other three were in their fifties. They were all courteous and remarkably polite; they removed their boots when they climbed the stairs and never left anything behind them. A few days later they started talking to my mother. My father and his truck had been mobilized in September 1940 to transport ammunitions and supplies to the front lines. After a flash battle my father was taken prisoner and of course lost his

18

truck. At that time the Vichy Government had negotiated an armistice with the Germans in order to send home the fathers of large families -those with three or more children- so that they could work and provide for their families. Our head of family returned home after three months away and was greatly surprised to find German soldiers in his house. After a few days rest, my father made their acquaintance, the youngest, Thomas was a former student and the other three were small retailers in their country. One of them was a photographer the other an artist, the latter gave my father a pretty charcoal drawing to apologize for the circumstances of the occupation (Drawing 13). After a while, our new tenants realized that we were ordinary people like them. They did not understand why they were in France. They said to my family: "Why are we here? You are nice people". One of the soldiers took his forage cap, threw it on the ground in anger and trampled it. They were furious at the Nazis; many German soldiers of the regular army were not in favor of the war.

*[Drawing 13 Charcoal drawing made by a
German occupant of our house]*

After a few months in Beuzeville, the Germans from the regular army were transferred to the front lines in Russia. The photographer wanted to take a photograph in memory of our family, but unfortunately he did not have a flash for his camera. He improvised by pouring the powder from one of his rifle cartridges in a small plate and setting it on fire and thanks to the resulting flash he managed to take his photograph. Finally, the time of the Germans departure arrived, and our mother saw Thomas crying and she went to comfort him and help him pack his belongings and even made him some sandwiches, despite the circumstances the heart of a mother speaks the same towards a stranger even though he was a German occupant. We never heard from "our" soldiers, even after the end of the war, which saddened us much as we learned that the regular German army had been decimated on the Russian front. The Berlin Government found that the regular army was not tough enough to counter the Resistance in Normandy (F.F.I.) or French Forces of the Interior. The men of the underground Resistance were increasingly strong. The S.S. arrived to bring the Norman Resistance under control, and from that moment the situation in our village changed for the worse. We had many difficulties with the Kommandantur. The able bodied men had to go on patrol at night on the roads in order to protect the phone lines of the Germans, which were often sabotaged by the Resistance.

There were many regular English troops on the coast of Normandy until the arrival of the Germans. Their homes were left vacant after their abrupt departure. The school children in the village rummaged through the deserted residences and found files with blank papers and forms with filigree and the Crown of England and the Seal of the Royalty. The children of the collaborators reported those findings to the Kommandantur and after a few days of investigation, armed officers of the German police came to see my parents. That day my father had left to deliver supplies from the store with his handcart. My mother was alone on the other side of the store, which overlooked the railroad station road; she was washing linens by hand with a brush when she saw the German police arrive with their metallic plates around their necks looking aggressive. She was terrified. The Feldwebbels requested to talk to my father and as he was not around they took my mother

21

by the arm and took her inside the house. They started to search the cupboards and drawers; they knocked and probed the walls of the rooms, tore up wallpapers, believing they might find hidden cupboards and concealed weapons. Fortunately there were neither hidden places nor weapons as everyone in Beuzeville had surrendered their weapons to the French police by order of the Germans in 1940. Later, when my father returned from his deliveries he went to the Kommandantur to answer their convocation. At the time of the search, the German police had discovered the files and forms taken from the English residences among the school books in the bedroom that I shared with my brother. The German Commander required my father to either pay a fine of mille francs or spend ten days in prison in the Fortress d' Èvreux. My parents could not pay the fine as they had to take care of a family of five children. Therefore my father decided to serve ten days in prison. When he came back from the Fortress d' Èvreux, my father realized that his ten days had been very risky, each morning he could hear the execution of hostages. Those prisoners selected for execution were part of the Resistance which the Germans considered a terrorist organization.Upon his return my father went directly to the Gestapo headquarters to obtain his release papers from prison. The Commander of the Kommandantur walked my father back home with his arm on his shoulder, which was very humiliating for my father. One day we received the visit a police inspector of the Vichy government. He asked whether there was a way to obtain dairy products from the surrounding farms or meat from the clandestine slaughterhouse. Meat and dairy products were rationed and we had ration cards, which allowed us to buy only a small portion of the food necessary to feed a large family. The police inspector kept on visiting us and my father became very suspicious. The last visit of this traitor scared the whole family, he showed us a black and white photo depicting two men, lying down on a metal bed frame and stripped to the waist, their chests riddled with bullets. He told us they were terrorists. It was a shock for us, as children, to see corpses on a photograph; we had never seen anything like it. The inspector was a threat to civilians; he also thought that my father was part of a certain network of resistants. The Resistance was aware of this individual, but did not know whether he was really an inspector or a double agent. The truth was never known.

The only thing we know of him is that after the war, he remained in the police in Le Havre. Despite his knowledge and seniority he was never promoted because of his dubious past. He was a prisoner of war in 1940 and was released at the request of the Vichy Government, although he only had two children and this privilege was reserved to the fathers of three or more children. There was a curfew at ten o'clock every night and everyone had to go home. We had to darken our windows so that light could not be seen from the outside. Each window was covered with a blue sheet of paper so as not to announce inhabited zones to the Allied airplanes. Beuzeville is located fifteen kilometers from the coast. One evening, after dinner, my brother Pierre and

I went to our bedroom on the second floor and by error we forgot to close the window before turning on the light. Of course, any light seen from the outside attracted the attention of the German patrol. They rushed at the door of my parents' store and struck the door with the butt of their rifles, howling for my parents to open it. My father let them in and the Germans rushed into the house, yelling that a light was on upstairs. We were required to pay a fine of ten francs at once. Pierre and I had an argument to determine who had turned the light on. One of the Germans grew impatient and began to howl for the immediate payment of the fine pointing his rifle at my stomach. I trembled with fear and withdrew one hundred francs from my wooden piggy bank, which seriously depleted my meager savings.At the beginning of 1942, Germany started losing territories that they had occupied in North Africa and on the Eastern front in Russia. The Resistance was increasingly active and grew in number. Each day we listened to the news from London: "This is London, France speaks to the French". Charles de Gaulle and the French in London sent messages towards occupied France. My brother, who was sixteen years old, was a little genius and he had built a small crystal radio set with earphones in his workshop at the back of my parents shop (Photo 14). In order to feed electricity to his radio, he threw fine bare wires from the window onto the exterior public electric wire. My brother had also found an old and rusty Bernard engine abandoned in the ditches of an old castle close to Beuzeville. The owner allowed him to take his lucky find, which he had to carry away in a handcart. With his talent as a handyman, he renovated it and wanted to start it …but he had no gasoline!!! He found a solution: he went to draw some gasoline from the tanks of the German trucks parked on the Market Place. These trucks were guarded by a patrol. Once, he had to stay hidden under a truck all night. He was very afraid as he could see the patrol very close to him, if he had been discovered he would have been executed immediately!! He was also able to procure gasoline from containers dropped by the allied planes in the country side. One morning in 1942, as I was getting water at the pump at the edge of the pavement to the left of the store, I saw a B-17 bomber going down, skimming over the church tower (Drawing 15). It was a plane of the American Air Force with white stars on its wings. I could see that its left engine was on fire. I quickly returned home, dropping my bucket of water to announce the news to my father. The following day we learned that the plane had landed on its belly, roughly five kilometers to the south of the village.

The Germans wanted to capture the crew but they arrived too late: the Resistance had already picked up the Americans.

Photo 14 My brother, Pierre the little genius, at age sixteen, 1942]

*[Drawing 15 B-17 Bomber in flame above
the village of Beuzeville, 1942]*

At that time we had to undergo many bombardments, the city of Le Havre was twenty kilometers away from Beuzeville as the crow flies and there was an important German submarine base in the area. This made life difficult. The schools were closed; my brother and I, as well as the rest of the children had to find work. We did not receive wages but were nourished in exchange for our labor. My brother worked as a mechanic and I was an apprentice butcher. My studies were thus suspended and for a long time. I began my job on March 21, 1942. It was very hard; I was only thirteen years old. The day started at five in the morning at the slaughterhouse, which was next to the "Gendarmerie", the French police headquarters. I had to wash tripes in freezing water even in the winter. My hands were frostbitten, my body as cold as ice and my feet were frozen in my rubber boots.In the trades of mechanic and butcher, my brother and I had Mondays off. On those days we went with our father to clean and weed the garden where we grew vegetables. We also cultivated tobacco clandestinely as it was rationed and very expensive. The garden was about five hundred meters from the store on the side of the road. One day while we were working we heard the noises of truck engines along the road. Suddenly we noticed two Allied Air Force jets. We did not pay too much attention as it was frequent to see planes flying overhead. Then the planes identified the convoy and at once came down, and flying at very low altitude launched an attack on the trucks. The machine gun fires and the explosions coming from the convoy were so noisy and blinding that we plunged head first in the ground among the vegetables and seedlings of tobacco (Drawing 16). Our father called our names to make sure nothing had happened to us. After the noise had subsided we found large bullets two centimeters wide and ten centimeters long in the furrows of the garden. Our cistern which we used to water the garden was riddled with bullets. The aftermath took our breath away and we were livid. The German patrols evaluated the damage the same day but we were only able to get back to the garden the following day. My brother, the handyman, never one to waste an opportunity, picked up the burnt tools around the trucks, cleaned and repaired them and was able to use them in his workshop.

*[Drawing 16 Machine gun fire above our
heads in our garden, 1942]*

In 1943 I worked in a butcher shop in Berville-sur-Mer, very close to the Seine estuary. The slaughterhouse was three hundred meters from the water and we could see the city of Le Havre on the opposite shore. We had dug a trench next to the slaughterhouse to protect ourselves in case of bombardments, and we had to use it often.

One day we saw two planes with double fuselage, they were American Lightnings P-38. They went up the Seine and aimed at the German Submarine base at Le Havre. We were just three very young butcher's apprentices timidly watching the planes as they nose dived. They flew at very low altitude and released two bombs each right above our heads. We thought we were done for!!! To our great surprise and relief the bombs were diverted towards their target, the submarine base. On some nights we had other frights, German rockets, the famous V-2 rockets, passed above us towards the English Channel and the English coast. The infernal noise of the nozzles frightened us very much. We used to get out of bed to watch their trajectories. The most terrifying part was not hearing them anymore as it was the signal that they were about to hit and explode. We could imagine what the heroic people of London were going through as the V-2 rockets fell anywhere on the city.

During that period in 1943, the Germans were losing on the Russian front and the Allies had landed in Sicily on June 10 and in Italy on September 9. The Vichy Government declared obligatory military service for the men who were of age to be enlisted, many to avoid this obligation, went into the Resistance.

The bombardments in Germany were constant so it was better to serve France in the Resistance. Fridays and Saturdays were delivery days at the butcher shop and I went to deliver customers' orders on my bicycle. I went along the forest to different farms. One day, I saw a man in his fifties: he looked very anxious, walked quickly on the side of the road in the same direction as I was. He wore a blue apron and women's wooden clogs. His long sleeve sweater with a green band was reminiscent of the German uniform. I pedaled quickly as this man seemed to have bad intentions and I thought he might want to steal my bicycle or attack me. I passed him rapidly, pedaling frantically, further boosted by my own panic. A few kilometers away machine gun fire burst out around me, for a moment I thought the firing was directed at me but I realized the noise was coming from the coast, close to the River Seine. The explosions were so noisy that I swerved into a ditch with my loads of meat orders which scattered all over the place (Drawing 17). After recovering my parcels I went back on my way towards the Saint Sauveur River, not knowing exactly where I was going, I did not want to retrace my steps for fear of running into the odd character I had just passed. I was trembling like a leaf, unable to control my fears. Night was already falling and I had no light on my bicycle as it was prohibited. A short time later I came upon a large residence, I knocked on the door and after I told the inhabitants who I was they let me in and saw me trembling, helpless and dirtied by my fall. They asked me questions but I could hardly talk as I was too tired. My hosts, seeing my sad state, called the butcher shop to explain what had happened. My employer was very anxious about my delay and she asked them to keep me for the night. In any case I could not walk anymore, I was overcome with exhaustion. The owners of the house set up a metal cot in the entryway for me to sleep on. Early the following day, a lady offered me some slices of bread and some hot milk. After a quick wash I picked up my bicycle which was in bad shape, the meat orders were full of dirt, leaves and grass; some of them had been lost in the fall.

After thanking those kind people, I took the road back towards Berville, distressed and not knowing how my employer was going to greet me. She welcomed me kindly and was glad that nothing serious had happened to me.

[Drawing 17 The tragedy of the butcher apprentice Robert on the Berville road, 1943]

A few days after this experience I learned that the Resistance had attacked a German convoy which carried bags of flour on the road towards Pont-Audemer and was headed for Saint Maclou. Later on the Resistance distributed those bags of flour to the local population. The men of the Resistance took the German drivers as prisoners. They had a camp in the forest where the German prisoners were all assigned chores. When I heard his story I realized that the man I had seen on the road was a prisoner who was attempting to escape in his work clothes.On Sunday afternoon, August 6, 1944, I was cleaning and straightening up the butcher shop. I was to bicycle back to Beuzeville. This part of Normandy was still occupied by the Germans two months after the Allied troops landing on the coast of Normandy. A few kilometers from Beuzeville, a farmer on his horse-drawn carriage told me to stop and not go to the village where the Germans were seeking out and arresting all the men of the village. The Resistance had recently murdered a family of collaborators on the road south of the village and the Germans sought to retaliate. In Beuzeville all the men arrested were gathered in the churchyard with their hands up. My father was among them. My brother had gone up to hide on top of the roof of my parents' shop. Unfortunately he was spotted and had to join the group of hostages. The women and children had been told to return home and lock themselves in. In the churchyard a civilian collaborator in his early twenties, wearing a raincoat, a dark hat and sunglasses to disguise himself was denouncing the men he knew to be in the resistance to the Gestapo. A deadly silence prevailed as the traitor was scanning the faces of the hostages. They were all petrified. All the men hoped they would not be recognized and hoped they did not belong to the group of the Resistance the traitor had knowledge of. The men of the "maquis" who were denounced were pushed brutally out of the row with the blow of a rifle butt. The last person recognized the traitor and spat in his face, he reacted by striking him in the face with several blows of the butt of his revolver. Five men: Pierre Feutelais, Roger Montier, Albert Pichon, Fernand Ringeval and Julien Vauquelin were arrested and hoisted in a truck like animals. After being interrogated and tortured for several days, they were executed on August 15, 1944. There is a memorial plaque to honor their courage and valiant defense of their country behind the church in Beuzeville (Photos 18 and 19).

During the denunciation, the traitor did not recognize about thirty men who were part of the Resistance and he ignored them completely. He was not aware of all the different groups which made up the Resistance. Only the Commander of the Resistance knew the identity of all of them. The Resistance organization required that men within different groups not know each other for safety reasons and for their protection. After a second tour of inspection, the traitor gave the order to release the remainder of the hostages, which was incredibly lucky for my father and the other men. Later on the traitor, who was only twenty one years old, was gunned down by a French policeman who recognized him as he was attempting to flee.

*[Photo 18 The church of Beuzeville where suspected
members of the Resistance were detained, 1944]*

*[Photo 19 The memorial plaque of the five
heroes of the Resistance, 1944]*

My father could not be part of the resistance as he had ongoing conflicts with a collaborator family. I was always the brawler of the family and I was largely responsible for this conflict: Once I had a fight with one of his oldest sons, I dealt him a blow on the nose and his face was covered in blood. As I thought that my parents were away, I ran to hide in a neighbor's house. The father of the child found me hidden under the kitchen table at the house of the delicatessen store owners which was located across the street from my parents' house. The father took me by the arm and dragged me to the churchyard. My father, alerted of the situation, came to my rescue. The two fathers insulted each other, ready for a brawl. Once back home I was severely punished by my father. The daughter of a collaborator was exhibiting in public a list of eighty names of the village inhabitants supposedly involved in the Resistance, including the names of my parents. Her parents' café was often full of Nazis and collaborators. Their neighbors, who were also collaborators, lost their lives in their 15 CV Citroën during an ambush by the Resistance. These two families of collaborators lived off the black market. It was impossible to frequent this establishment as the owners only accepted customers who shared their pro-German ideas. The daughter of the café owners was twenty years old and was always dressed in black and white and wore black boots, she was of medium height, rather hefty and was always trying to endear herself with the Germans. Eventually this cost her her life as well as that of her family. The execution took place at their domicile at night. Their deaths were timely as they were about to give the list of eighty names to the Gestapo. The Resistance got hold of this list in the nick of time. After this experience we were all on our guard for a long time. Even after the Allied landing we were still occupied and continued to suffer the dangers and repression of the German occupation.

It must be recognized that the Resistance did splendid work for the inhabitants of the village of Beuzeville. Unfortunately, their brave and dangerous work cost many their lives. We often talk about the heroes in uniform, but the men of the Resistance, without uniforms or proper shoes, must not be forgotten for their extraordinary help in our liberation. They are the silent heroes of France. They lived in hiding in neighboring farms and woods for four years. General Eisenhower compared the strong French Resistance to a division of the American Army. At dusk, the Germans took a "Big Bertha", a huge cannon, out of the tunnel of Quetville and shot shells straight towards the coast, we could see the traces of the shells from our windows. The hellish noise of this artillery shook doors and windows and often broke the panes of the house. On August 25, 1944, we could feel that the day of our liberation was close. It was a dangerous time, the artillery fire of the Germans and the Allied Forces were crisscrossing over the village and rifle fire on the ground was all around us, the noise was deafening. The Allied Air Force had taken the air space from the Germans. Before the Allies had landed, in order to protect our family, we had dug a trench close to our house, in the shape of a "T", two meters deep and covered with branches and soil. We spent a total of eight days at three different occasions in this trench, every time we heard the artillery we quickly ran to our burrow. On our last stay, we could hear and feel the shots and the explosions as the Allies destroyed nearby bridges to cut off the Germans from fresh supplies of troops and weapons. Then the artillery and the machine gun fire were finally quiet. Our father left the trench carefully and looked around, then he said to us: "Everything seems calm to me, I am tired and I am going to my bedroom and if I die, I will die in my bed". I will never forget my father's reflexion. We were all tired so the whole family followed him. My brother and I went upstairs to our bedroom and went to bed. I woke up at ten the following morning, happy to be alive. I was alone in the room; the rest of my family was already awake. I heard exclamations and the noise of engines outside. I jumped out of bed still fully clothed from the day before: a precaution in case of emergency, and looked down the second story window. We were finally liberated by our English and Canadian friends and by the French Commandos of Green Berets of Commandant Kieffer and let's not forget the Resistance who were finally rewarded for their heroic labor. I ran downstairs to the street to see the Allied soldiers and inhabitants of the village, happy, smiling and expressing their joy. I also saw some German prisoners, hands behind their heads, many civilians were kicking their backsides, and the English soldiers were pushing back the civilians asking them to leave the prisoners alone and to go away. That day brought incredible relief to my family and the rest of the population. Finally free, fortunately we did not lose any member of our family. Much of our village had survived the bombs and the bullets.The city of Paris was liberated the same day, August 25,1944, by the army of General Leclerc and his Armored Division, the 2ème DB, (Division Blindée}, escorted by the French Resistance of Paris, followed and protected by the great General Patton and the American Army.

The following day my brother and I went in the countryside to see what was left after the previous day fierce battle. There were many dead soldiers from various units; their bodies covered with blankets, along them were their backpacks with their rifles placed crosswise over them. It was overwhelming to see such a sad sight at our young age. I turned around and threw myself in my brother's arms, trembling with emotion. There were heaps of weapons next to the houses in the village, but we were not allowed to touch them as it was too dangerous for children like us.At that time, I made the acquaintance of a Canadian soldier for the first time, when I heard him speak with the Norman farmers, I noticed that he spoke with the same accent and used the same expressions as we did. I asked him if he was French, "No" he said, "I am Canadian", he pointed to the emblem of Canada on his shoulder. It was an honor to meet a heroic soldier who spoke in the old Norman way. After their landing in Dieppe in 1942, they took the city with much courage and suffering. We must be proud of these men, our good friends. There were many civilians who volunteered to clean the village and the surroundings after the battle. My father was in charge of transferring the bodies of dead Germans from the fields to a common grave. My brother was a fireman and went to the next town on fire from the bombings. He was very courageous and almost lost his life in the process. He had to hide half a day under a fire truck to protect himself from on-going battle and fire. I was too young for this kind of responsibility. The last German soldiers fled towards the Seine on horses and bicycles, their uniforms torn and dirty. They finally experienced a well-deserved defeat. In the days following these events, the road through the village was used by the units of American transport in order to carry supplies to the front. The convoys of trucks rolled twenty-four hours a day. There we met our first American friends, all young drivers of GMC trucks, smiling, chewing gum and smoking cigarettes. They wore their helmets a little crooked which gave them a real overseas charm. It would be difficult today to forget the sacrifice of all this American, English, Canadian and French youth who gave their lives and whose blood shaded the beaches of Normandy. It is necessary to have lived through these events to understand the sacrifice of these men. I often suggest to many people to go to Normandy to see the sites where the film "The Longest Day" was shot (Drawing 20). People should visit the museums and Sainte Mère l'Eglise as well as the Museum at Arromanches which was created in 1954 by the committee of the Débarquement.

The site of Fort Wilson is very impressive. The American, English, Canadian and French cemeteries are very sad to see. Accompanied with my spouse Andrée and our son Robert, we have stopped often at the graves of these heroes. The sight of the innumerable white crosses brought tears to our eyes. I am eternally grateful to this extraordinary generation of men.

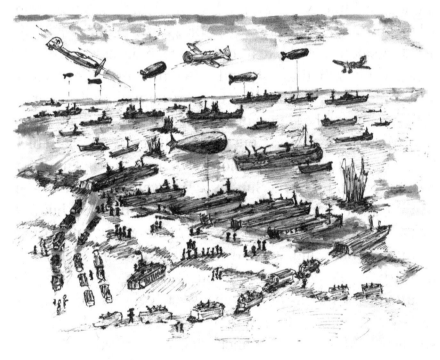

[Drawing 20 The Allies landing in Normandy, June 6, 1944]

Finally, once the peace was re-established I resumed my work as a butcher in Neuilly-sur-Seine in 1945 (Photo 21).

There I learned the delicate task of carving and preparing meat, an extraordinary experience in my future work in the restaurant business. I remained there for three years; in those times of restriction the wages were very low. I lived in Levallois-Perret, where I rented a small and inexpensive room close to the apartment of my godfather Rémy and my aunt Renée Eude, an adorable couple (Photo 22). They knew I lived alone and was not fed very well so they sent their son, my cousin Raymond, to invite me to dinner on Sunday evenings. I worked in a butcher shop where the meat did not exist for my own plate. I often ate Jerusalem artichokes cooked in some sort of broth, times were still difficult and I ate mostly vegetables. I still remember opening two cans of corned beef to serve the customers, there was not enough of this military style food for the customers, but it was all that was available. Sometimes my cousin Raymond took me out. He knew the best places to go to on Sundays. We went to dance at the Mimi Pinson's dance hall on the Champs Elysées, but not often. After closing there was no mode of transportation to return home and we had to walk home, a rather long and tiring trek. We also rode our bicycles in the Bois de Boulogne on Sunday afternoons. We had the opportunity as well to take part in the ceremony at the Mont Valérien, the so-called "Mémoire de France" and were privileged to see the great President Charles de Gaulle on this occasion, on November 6, 1945 (Photo 23).I walked to work every day at five in the morning, it was a hard job but I liked it a lot and it was much easier than my previous job at the butcher shop in Normandy. After working in Neuilly for three years, I reached my twentieth birthday and had to present myself at the town hall of Saint Sulpice to register for the compulsory draft. At the draft board a "gendarme" asked me which branch of the army I wanted to join. Since I was from Le Havre and comfortable with the ocean I chose the National Navy. Three months later I received my orders: I was to join the First Regiment of Algerian Riflemen in Blida, Algeria. My brother had been mobilized two years before in the flotilla of Normandy Niemen at Rabat Salé in Morocco (Photo 24). On the day I was required to report to duty I arrived, as directed, at the Fort de Vincennes, I was not sure where to go as there were hundreds of young men present. Many parents came with their young sons, some of whom were crying, their mothers would tell them not to and gave me as an example. I did not cry as I was too far from my family to feel sorry for myself. A week before reporting to Vincennes I went to see my parents in Le Havre to say goodbye. My parents had moved there three years previously and had bought a "brasserie". My father came with me to the train station and my heart skipped a beat as I had such caring and wonderful parents.After three long hours spent at the Fort de Vincennes, trucks came to take us to the train station to go to Marseille and from there to the Camp Sainte Marthe. We slept for two days on wooden boards lined up in a row with only one thin blanket, and although we were still in civilian clothes, military life had begun. Though the meals and food in Neuilly were not the best, the food at the Camp was inedible: maggots and flies floated at the surface of the food. What were we to think of military life!!

My sea voyage on the ship Sidi Mabrook was very difficult, I was seasick the whole crossing as I had not eaten anything (Photo 25). When we arrived in Algeria we received our uniforms (Photo 26). We traveled on trucks to the beach of Sidi Férus, a small bay west of Algiers where French troops had landed in 1830 to conquer Algeria. A monument in their memory had been erected on the beach (Photo 27). We slept in tents called "guitounes", there were eight men to a tent, the nights were freezing and we had to put an oilcloth on our beds to protect ourselves against humidity. After eight days we left for Blida where we stayed at the military base at the edge of the Sahara. The discipline was very rigorous in the barracks. We went on maneuvers in the desert, where we climbed and descended countless dunes, and other very demanding exercises. We learned to drive GMC trucks and Jeeps on the plateau next to the station of Chrea, west of Blida, at an altitude of 1500 meters. The cliffs which were covered by bursts of pink and white laurels were very impressive, Algeria is a beautiful country.I obtained my drivers' license which was also accepted as a civilian license after my military service. Life in the barracks was quite an experience, the evenings were very monotonous. The meals were better than they had been at the Camp Sainte Marthe, but the wine was undrinkable: there was a white layer on the surface of the glasses; it must have been bromide…probably to calm us. It was better to stick to drinking water.

[Photo 21 Robert, the butcher apprentice in front of the shop in Neuilly, 1945]

[Photo 22 My godparents Eude and cousin Raymond in Bénodet, Brittany]

[Photo 23 President Charles de Gaulle]

[Photo 24 My brother, Pierre, in uniform of the flotilla Normandy Niemen at Rabat Salé, Morocco, 1946]

*[Photo 25 Robert boarding a ship in
Marseille for his military service]*

*[Photo 26 Robert in uniform of the First Regiment
of the Algerian Infantry in Algeria, 1948]*

[Photo 27 Zeralda monument, Robert is on the top right, 1948]

Algeria has its charm, but we did not often have the opportunity to leave the base as we had very low wages; we were paid ten francs a month and received a pack of cigarettes and a few stamps as well. We went to Algiers only once, by train as it was free for military men. On a Sunday in Algiers, we made the acquaintance of a group of Legionnaires at the terrace of a café, as we were very young they offered to accompany us for protection, to the Kasbah. At the entrance there was a medical center where the soldiers needed to get disinfected before entering as there was prostitution inside: I was not interested in prostitutes as I was too delicate for this kind of experience, therefore I took the train back to Blida.

The only possibility for proper entertainement was the yearly Ball of the Riflemen on a Saturday evening at Blida. Also it was free entertainement. We remained standing in a line looking at the people who were dancing, after a while I started to look around for some suitable company and I noticed a charming young lady seated at a table between her parents. I tried to overcome my shyness and greeted her family politely and asked her father the permission to dance with his daughter. Before answering he looked me up and down, he would surely have preferred to see an officer rather than a simple soldier. However I was very well dressed in a khaki uniform and a forage cap with a slit of blue and yellow, the father noticed the Fatma hand on my shouders and this seems to make a good impression. Later on I learned that he was a retired Colonel and a colonist. After reflexion he allowed me to dance with his daughter, and after a few dances he invited me for a glass of wine at their table. He was smiling but looked very serious and he asked me which part of France I came from. The Colonel and his wife were very pleasant but reserved, and their daughter was truly charming. It was a very enjoyable evening after the emotional loneliness of the last few months. At the end of the evening I asked the young lady for a date the following day to which she agreed. Instead of the young lady I was surprised to see the mother arrive at the rendezvous. She greeted me and started talking about her daughter, who was only seventeen and a very serious young lady and she insisted that our courtship be equally serious. She invited me to dinner at their residence the following Sunday. As agreed the whole family arrived in front of the barracks in a beautiful red Bugatti convertible. The father was driving and the young lady and I were seated in the back as we went towards their property. We passed by their five hundred hectares of vineyards and orange groves. The Colonel stopped from time to time to greet his workers. This family of colonists was obviously wealthy. Once at their house, I was cordially welcomed with a great French meal. The house was a palace and I wondered how I got there!! (Photo 28). After dinner the young lady Suzy, asked me if I wanted to see her pigeon house, an excuse to be alone, unfortunately her father followed our every move. At subsequent rendezvous I realized that it was going to be impossible to steal a kiss alone. After sometime the father proposed that I became a police officer in Algeria once my military service was over. He had many acquaintances in the administration and offered to help me find a job. This was not at all the career I had in mind despite the great respect I have for police officers. In 1949, after four months passed in Blida, the superior officers gathered us to ask for volunteers to be part of the occupation army in Germany. As I felt trapped in this little love story I agreed to volunteer,

I was only twenty years old and did not want a serious relationship. At the last meeting with my girlfriend I told her of my decision to leave for Germany, she was very sad and I felt embarrassed. I told her parents that it would be a good move for me in case I wanted to stay in the army, the father encouraged me, but I had no intention to pursue this career path; however I had to justify my decision. The mother and her daughter prepared my suitcase and we said our goodbyes. I boarded the boat in Algiers with some remorse, later I found banknotes and little love messages in the corners of my suitcase, they really were a wonderful family and it was a sad separation.

We remained in touch but we were both too young for marriage. I cut down on my communications with Suzy and her parents. The mother was rather furious and wrote to my parents who, of course, scolded me. The time I spent in Algeria was a good experience: the climate was marvelous and all in all positive apart from the maneuvers in the desert and the terrible food. Before leaving for Germany we exchanged our uniforms for military traveling clothes. We went by train from Marseille to Strasbourg then headed for Coblenz in Germany. We went through the towns of Mainz and Coblenz, it was the beginning of February 1949 and it was very cold. It was painful to see the houses and buildings completely destroyed in the war and under the snow. We could see women, children and elderly people left to live in the basements of the buildings in ruins. These people did not have anything to do with the war and were left dealing with the consequences (Photo

29).

*[Photo 28 The beautiful house of my
hosts at Oued-El-Alleug, 1948]*

[Photo 29 The ruins of Coblenz, Germany, 1949]

After France had been occupied for four years it was France's turn to occupy Germany, but I would not be there for long. On our first day in Coblenz we were gathered in a shed that was all but demolished, there were other volunteers from North Africa and other various units of the Army. After waiting for several hours, some officers of the French occupied zone of Germany came to talk to us. A young, well-dressed lieutenant approached me and asked me where I was from in France and what my occupation was in civilian life. He was from Le Havre as well and when I told him I was a butcher he said:"Perfect I'll take you in my company". I was registered in the 5th Regiment of Paris and was to work in the kitchen of the French occupied castle of Oranienstein

(Photo 30) in the small town of Diez-Lahn, fifty kilometers north of Coblenz, there were about five thousand inhabitants in the village and the country side was beautiful.I was in charge of the supplies and of the kitchen. A sergeant major was my superior officer. The lieutenant gave me the stripes of a corporal as a sign of my added responsibilities (Photo 31). There were seven French and German cooks in the kitchen, and we were in charge of feeding the company every day. The cooks were all professionals and had excellent knowledge of their craft and we all got along well(Photo 32). My room was above the kitchen, next to the pantry, to enable me to monitor all comings and goings. I had to keep a close eye on the kitchen as there was a great shortage of food among the general population and I had to prevent our supplies from being stolen. Some families stood in line outside the kitchen windows, hoping for some left overs, we did what we could for these people, especially as we had lived through similar circumstances and knew what they were going through.

One of the German cooks, Erik, was also a butcher. We discussed our trade in our respective countries and decided to do an experiment as to our different ways to prepare, carve and cook meat. One day we each chose an animal from the pigsty. I began in the Norman tradition of bleeding the pig and burning it slowly on straw to remove every single bristle and brown the skin. Then I scraped the skin with warm water and a knife with a short and broad blade (a "pleu"). I hung the pig and opened it, cleaned the inside and discarded the parts to be used in delicatessen as we did not have the proper equipment. Erik had a different strategy, he bled the pig, put

52

it in boiling water to remove the bristles, hung it and cleaned the inside the same way I had done. The following day we carefully carved the pigs and selected the same meat and prepared to cook it in our own way in separate ovens. When the roasts were cooked, we each tasted our preparations. We agreed that Erik's method of poaching the pig in warm water gave it a light taste, while my roast was more flavorful and firm because I had seasoned it with Herbs de Provence, some vegetables and Madeira wine.

[Photo 30 Oranienstein Castle, Diez-Lahn, Germany, 1949]
[Photo 31 Robert wearing the uniform of the 5th Regiment of Paris,in front of the Castle kitchen, 1949]
[Photo 32 The kitchen of the Castle]

The inhabitants of the village were very cordial. On one occasion I was walking in front of a pastry shop on the main street and I saw some children looking at the window with envy. Like all soldiers I had very little spending money, but my salary was a little better due to my rank. Nevertheless I invited the children to go inside the store and choose a pastry, they were so adorable and the young woman who served us was very charming. I went back several times to the pastry shop for a pastry and to see her and I invited her to go dancing on Saturday evening. The French soldiers went into the bars and restaurants of the village to meet young women. After the war there were five women for each man in Germany as the country had lost over a million men in battles. Therefore the women were not looking for money or gifts but were simply happy to go out, dance and have some fun. The German women were both kind and charming. Towards the end of my time in Germany, the lieutenant called me to his office and asked me to sign on for an extra six months to help him in the kitchen as the sergeant major in charge had signed on to go to Indo-China. The officer offered to increase my wages and to promote me to the rank of non-commissioned officer, provided I would not leave for Indo-China and I accepted his proposal. I went on working in the kitchen as I enjoyed the responsibilities and on Sundays I prepared some of my specialties for the lieutenant. The work in the kitchen was a good experience, I was twenty-one years old, I had the use of a Jeep, life was good and I knew I was fortunate (Photo 33). As a non-commissioned officer in this unit, I had to go on patrol once a month escorted by two soldiers to round up soldiers from the bars and cafes after midnight and to make sure they returned safely to the barracks.

We also practiced maneuvers in a camp: the Camp Baumholder, which we nicknamed "the camp of the slow death", it was three hundred kilometers in diameter and was composed of thirty villages that had been destroyed. It had been used by the Germans for military training before our arrival. This camp was so large that it could be used for the infantry and the artillery as well as the air force. We practiced drills for a month with our American and English friends. My primary job was to feed the company and to take part in drills that involved a 60 millimeters mortar (Photo 34). Sometimes we stopped to buy milk or eggs from the local farmers. They never accepted payment for their produce, as they knew that soldiers had very little money. Their kindness reminded me of my mother's kind gesture towards the young German soldier Thomas in 1942 before his departure for the Russian front. In the beginning of the year1950, my unit held a military parade in the town of Coblenz. General Kœnig gave a speech and announced that we were no longer an army of occupation but an army of protection. Russia was still a communist country therefore Germany needed protection. General Kœnig was a living legend: he was born in Normandy in 1898 and was a hero in Bir Hakeim in 1942; he was also the Commander-in-Chief of the French Forces of the Interior in 1944.I had a month left before I finished my military service when I received orders of transfer to Indo-China. I went to see the lieutenant and show him the papers; he looked at them, tore them up and threw them in the waste paper basket. Three weeks before my discharge I began shopping for civilian clothes with money I had saved for this purpose (Photo 35). I had lived in Germany for a year. The Germans were nice people; I felt that I was on vacation rather than in an army of occupation or protection. Germany is a beautiful country and I have never forgotten the friendship, courtesy and kindness of the very pretty German ladies. Leaving such a place and easy life was very emotional, especially compared to the difficulties of civilian life that lay ahead. I was demobilized in Coblenz and struck from the rolls of the military on May 15, 1950.

[Photo 33 Non-commissioned officer Robert in his Jeep, 1949]

[Photo 34 Training with our Allies in Baumholder camp, 1950]

[Photo 35 Robert, in civilian clothes, in front of the wardroom, May 15, 1950]

I returned to France and my family in Le Havre and to my trade as a butcher. My father had good relations with his customers at the "brasserie"; the son-in-law of one of his friend was the chief recruiter for the staff of the General Transatlantic Company in Le Havre. I applied as an apprentice cook and on December 5, 1950 I was registered in Le Havre under the number 9152 a.s.d.g. .

I obtained my professional maritime record, which specified that I was "stabilized", which meant that I had fixed employment as a kitchen assistant on a ship (Photo 36). This would be a new trade for me which would allow me to see the world. I began work shortly thereafter.

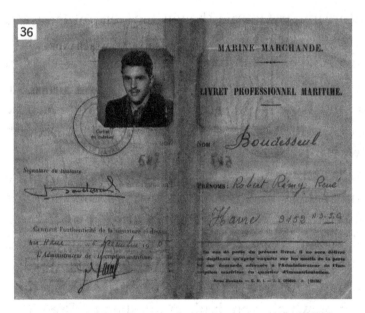

[Photo 36 Professional maritime record, 1950]

[Photo 37 The cargo ship Argentan]

Before my first journey began, the General Transatlantic Company ("Tansat") gave me the choice between working on a cargo ship for long sea journeys throughout the world or working on the liner Liberté between Le Havre and New York. I chose the Argentan in order to see the world.I boarded the Argentan, a cargo liberty ship where I began work as an assistant cook. The ship had been delivered to France from Galveston, Texas on December 9, 1946. In barely five years, this ship already had a monumental record: There had been a fire on board in 1947 while the ship was docked at Rouen. In 1952, on its return from the Pacific it lost one of its propellers in the Atlantic. The "Transat" had acquired about thirty of these ships which were built in the state of Oregon in the United States. These ships were used to transport supplies towards England and the rest of the world in wartime (Drawing 37). After the war, the Company used these ships to transport goods across the oceans. They were the only resources left for France to transport by sea as the rest of the ships had been lost during the war, with the exception of the Ile de France which was in service constantly. My first stop with the Argentan was in Antwerp, Belgium and the second in Hamburg, Germany. We then returned to La Rochelle La Palice on the west coast of France. Off the coast, before arriving at La Palice, we could see the Champlain, a liner which had been sunk upright. In the distance we could see its chimney and structure sticking out of the water at low tide. (Drawing 38). This beautiful liner used to transport passengers between Le Havre and New York with a stopover in Quebec. It was blown up by a German mine in June1942.After spending a month in the kitchen of the Argentan, I disembarked in La Rochelle at my request. The official reason I gave the "Transat" was that the pitching and rolling of the small ship made me feel ill, and I requested to be transferred to the liner Liberté. This liner used to be the Europa, a German merchant navy ship (Photo 39). This liner had been the winner of the Blue Ribbon in 1930 when it made the voyage between Hamburg and New York. The Blue Ribbon was an award given to the fastest ship in the world. France had taken possession of the Europa as a spoil of war in 1946. It was then put in dry dock for repairs in Saint Nazaire, and the Minister of Transport christened it "Liberté' in 1950. That same year, it took to the sea for New York on December 5, 1950. I began as a new kitchen assistant on January 11, 1951.

[Drawing 38 The Champlain sunk off La Palice]

[Photo 39 The liner Liberté, 1951]

On board the Liberté, the kitchen help were all professionals and came from different trades. There were butchers, bakers, pastry chefs and cook apprentices. I thus began my training as a restaurateur by learning many different jobs: I worked as a fishmonger, a vegetable specialist, a poultry specialist and learned all about silverware and glassware. I worked for a month in each specialty. The Liberté crossed the Atlantic in six days: it went from Le Havre to Southampton and then on to New York. At the beginning of September 1953, the liner went aground in the port of Le Havre due to heavy fog in the channel. The liner slowed down and we were slightly unbalanced. The Liberté was following a tugboat by radar. The tugboat had enough depth but it was not enough for the liner which weighed more than fifty one thousand tons, was two hundred eighty meters long and thirty one meters wide. We were so close to the shore that we could hear people talking on the beach from the crew deck, but we could not see them as the fog was so thick. We had to wait for the next high tide for the liner to be led by tugboat out of the channel.One December day, another misadventure awaited us. We were met by a fierce storm as we were leaving the Manche (the English Channel). It was while I was at the service of the deck officers and therefore I had the best "seat" on the liner for the "spectacle". The liner pitched and water surged up the footbridge and ran down the gangways. Although our crockery and and glassware were well stored and secured everything fell over twice. With water up to our ankles my colleague and I hung on to stay on our feet as well as we could. Imagine having that much water at six stories above sea level!! The noise was so deafening that we thought we were going to be shipwrecked. The bow of the liner and the first hold were damaged and dented by the waves. The derrick of the prow, as large as the body of a man, was twisted. The prow of the ship was not wide enough and went into the waves too easily. The potted plants and flowers in triangular stands kept sliding in the halls from port to starboard. It was very dangerous for the crew and the passengers as sometimes we had to move out of the way to avoid these moving projectiles. After this memorable squall the liner had to return to port for repairs in dry dock.

But I am getting ahead of myself; let's go back to my first trip aboard the Liberté and my first crossing of the Atlantic in January 1951. We arrived in New York where we stayed for a day and a half at Pier 88, home of the French Line. We practiced safety drills on the wharf in case of emergency. We were docked in excellent company: to our left was the Cunard Line with its liner the Queen Mary and to our right the liner United States of America. I was deeply impressed the first time I passed by the Statue of Liberty. This extraordinary masterpiece by the French sculptor Auguste Bartholdi was completed on October 28, 1886 and was given as a gift from the French government to the people of the United States. The story of its construction is truly amazing. The metal frame of the sculpture was the splendid work of the French engineer, Gustave Eiffel (Photos 40 and 41).After landing I took a "yellow cab" to Broadway. Then I went to visit my cousin Raymond Bosquer, who worked at the Plaza Hotel and had been a chef in its restaurant for over twenty years, he was also the president of the Vatel Club in New York (Photo 42).

[Photo 40 The Statue of Liberty, 1951]
[Photo 41 Pier 88 home of the French Line]

*[Photo 42 Raymond and Fernande Bosquer and me
at the picnic of the Vatel Club in New York]*

It was a pleasure to see my cousin as we had not seen each other since well before the war at my parents' house in Beuzeville. He invited me to dine with him in the kitchen of the restaurant and we had a marvelous rib of beef which was the specialty of the Plaza. Before returning to the liner I went to see a show on Broadway. New York is very impressive and you want to see everything in one day, especially on the first visit. I had the tendency to walk and look up, amazed by the height of the skyscrapers. I was also enthralled by all the shopping opportunities along the wharf. After one night at anchor, the Liberté departed. There were many visitors who accompanied their families and friends on board, they returned ashore as the loudspeakers announced: "Mesdames et Messieurs, the visitors are requested to disembark as we will be departing in half an hour."At the mouth of the Hudson, we often met American or English liners arriving in New York and the Captian would always announce it to the passengers: "In a moment the Liberté will pass another liner, the....". The sirens of the ships greeted each other three times and the passengers would come to the railings and wave their hats or scarves to one another. After our stopover in New York, we returned to our work routine on board. In England the ship docked at the Royal Navy wharf in Plymouth, it was our last stopover before Le Havre. We arrived at Plymouth at eight in the morning to drop off passengers and pick up a load of Dover sole which we prepared for lunch for the passengers before we arrived at Le Havre. We were two "fish chefs" to prepare two hundred plates before lunch time. Usually, the New

66

Year's celebrations were spent on "Croisières" (cruises) which lasted about twenty six days. Those cruises took us to some of the Caribbean islands, then to Rio de Janeiro in Brazil. Once there the liner stayed at anchor for four days in the bay. When the working day was over, the crew could go on land to visit and enjoy the Carnival with its extraordinary atmosphere, festive music and dancing. The beautiful Brazilian women took us by the waist to go dancing on the Avenue Rio Branco, among the floats and the joyful crowds (Photo 43). It was impossible not to feel carried away by the ambiance with all those ladies in sexy costumes. It was a splendid experience! They led us to a dance hall where people were dancing in a circle. My partner was dressed in a short dress which resembled a Roman toga. At each turn of the dance, we passed close to the bar to get a glass of wine. The bartender knew that Frenchmen were present and we were greeted with shouts of "Viva Francia" and "Viva de Gaulle"! The Brazilian people did not waste a minute of pleasure as they danced their sambas.

[Photo 43 Avenue Rio Branco in Rio de Janeiro, 1952]

We were all sad to see the end of the Carnival, on the final evening crowds were crying on every street corner. I have always been thankful to the Brazilian people who gave me so much joy and pleasure during my stay. Accompanied by some colleagues, I took the gondola to the Cristo Redentor. From the top we could see our liner which looked like a child's toy from that height. Thousands of butterflies surrounded us. The following day we walked on the beach at Copacabana where children played soccer and beautiful Cariocas were sunbathing in their skimpy bathing suits. Then we went shopping and I bought a collection of one hundred and fifty butterflies that I still possess today (Photo 44). I also bought a service tray which I gave to my parents; the scenery depicted on it was made with the wings of butterflies.

[Photo 44 Brazilian butterfly collection, 1952]

The town of Sao Salvador de Bahia in All Saints Bay was another interesting stopover. There were as many churches in the city as there are days in the year. The bird market was remarkable, merchants sold birds of all species and colors, there were also men selling miniature monkeys, ten centimeters high, which they placed on our shoulders in the hope of selling them to us for a dollar. The liner Liberté could transport one thousand five hundred passengers and nine hundred crew members at any given time. However on cruises, there were nine hundred crew members for nine hundred passengers; the entire ship was first class. The kitchen assistants always hoped for better employment and a promotion. I had the chance to be noticed by a first class "maître d'hôtel", Mr. Pierre Lefèvre, who after retiring from the "Transat", went on to become the Superintendent at the Palace of the Elysée under President Charles de Gaulle. I was in the gangway of the kitchen wearing a fishmonger's outfit with a blue apron. The personnel uniforms were always clean and impeccable whether in the kitchen or in the dining rooms. I was on my way to take two salmon to the refrigerators when Mr. Lefèvre approached me and asked:" Hey kid! Would you be interested in working in the dining room?"...I stared at him and I was so surprised that I nearly dropped my two salmon but managed to answer: "Yes, Monsieur". I was only twenty-two years old but was already qualified to work in the dining room. I had my entire future ahead of me and felt I had nothing to lose by accepting his offer. Mr. Lefèvre went to see the main chef to announce him of the decision. The chef wanted to train me in catering and was not pleased to see me go to the dining room service. The chef wanted to make me part of the brigade of fifty cooks. After the return of the Liberté in Le Havre, I was transferred to the wardroom. My new job was to serve the deck officers. There were two of us assigned to the job and my co-worker gave me all the the necessary instructions to make sure I did not make any mistakes. My work consisted of setting the table, serving the meals and maintaining the cabins of the officers, including the first mate and and the safety officer.

Every morning at six o'clock I went down to the cellar of the ship to choose twenty four-bottles of wine as well as several bottles of liqueurs and aperitifs. Next I cleaned the wardroom, set the table for breakfast and made coffee. Then I went down to the kitchens, six floors below, to pick up croissants and fresh bread as well as the breakfast orders which I served to the officers. The table of the wardroom could accommodate twelve people. The set up for each meal had to be done at a very precise time: breakfast at eight o'clock, lunch at noon and dinner at seven o'clock. The officers did not all eat at the same time, two of them always stayed on the bridge to assure the proper operation of the liner and to keep an eye out for icebergs. The wardroom and the Commander's dining room and his apartment were below the bridge. The Commander had his own personal steward. Before each lunch and dinner we had to go to the bridge and present the first class menus to two deck officers in charge and describe the specialities of the day. While going there, we were sometimes surprised to see ladies with the officers: they could entertain lady friends at almost every voyage and had a special allowance which the Company paid for. On one occasion I had the pleasure to serve a great artist of the French cinema: Fernandel and his daughter Josette (Photo 45). One day in the afternoon they were walking along the upper deck and I asked him if I could have my picture taken with him, he accepted and posed as a boxer so I did the same (Photo 46). Sometimes when I returned from the cellar in the early morning I would meet Fernandel on the upper deck where he enjoyed the fresh air. I would greet him with a: "Hello Mr. Fernandel" and he would reply: "Hello kiddo, what a dirty boat this is, what a dirty boat". He spoke with a southern French accent and it was frankly music to the ears. Indeed, the deck was always dirty as the wind always carried the smoke and soot down to the deck and the railings of the liner. Mr. Fernand Constantin, also known as Fernandel was quite a character; he wore a camel hair coat and a checkered cap. Each afternoon, the Commander gave a cocktail party for the regular passengers of the "Transat" and Fernandel was always present to entertain the guests. As the living room of the Commander was near the wardroom we often heard the revellers laugh at the jokes of the comic.

[Photo 45 Fernandel in the wardroom, 1953]

[Photo 46 Fernandel and me on the deck in a boxer position, 1953]

After a year's experience in the wardroom, I was transferred to the "Carré des Maîtres, the section which served the kitchen chefs, the chiefs of reception and the personnel responsible for the food supplies as well as the main maîtres d'hôtel (chief stewards). The doctors and the safety officer dined in the first class dining room. They were all getting the best menus in the world. They could have anything and everything they liked on the menu. It was a very serious test for the maîtres d'hôtel to ascertain if the dishes met the standards of the passengers.

The maître d'hôtel was following my every move while I was working as I was up for a promotion in the near future. He was especially impressed with the way and speed with which I carved and sliced meat. After six years as a butcher and two years as a cook these techniques had no secrets for me. I also had a lot of experience as to the presentation on the plate, for instance, how to separate the colors of the vegetables for a pleasant effect. Soon after I was transferred to the position of head waiter in the second class dining room. I remained there for about six months then transferred to the liner Flandre. It had left the shipyards of Saint Nazaire and arrived in Le Havre to report for active duty on the Atlantic line. The Flandre arrived the same day I received my diploma in English (Photo 47). I was promoted head waiter in the first class dining room on September 17, 1954, and worked with much of the same personnel as on the Liberté. I have always had a lot of respect for these gentlemen. Photo 48 shows the "brigade" of the Flandre, I am in the center of the photograph right behind the main maître d'hôtel, Pierre Lefèvre. The Flandre could transport five hundred passengers: one hundred and fifty in first class and the rest in second class. We received very strict directives on how to treat the passengers. We were to address them as "Madame" or "Monsieur" and never use their first names. My role was to introduce myself, greet the customers, guide them to their tables, give them a menu and explain the specialties of the day then take their orders. The menus changed every day. I was assisted by an apprentice who was to pass the orders on to the kitchen; the headwaiter was prohibited to go to the kitchen unless there was a serious problem.

COMPAGNIE GÉNÉRALE TRANSATLANTIQUE
(AGENCE DU HAVRE)

DIPLÔME DE LANGUE ANGLAISE

Nous, soussignés, réunis en Commission d'Examen, certifions que :

Monsieur _____ BOUDESSEUL Robert _____

inscrit au _____ HAVRE _____ No 9152 _____ ayant suivi le Cours d'Anglais

sur " _____ ", Professeur M. _____

du_____ au _____ 19 ___, a satisfait aux épreuves et

obtenu la note [1] 12 / 20 .

Havre, le 9 Avril 1957 .

Le Sous-Chef Administratif
de l'Armement,

L'Examinateur,

J. Vay

Vu ... de Chel de d'Armement.

(1) Notes de 0 à 20   Mod. 1.377 IMP. C. G. T. HAVRE (ATL. 8-35)

[Photo 47 My diploma in English, 1954]

74

[Photo 48 The dining room brigade of the Flandre, 1954]

It took six days for the Flandre to cross the Atlantic from Le Havre to New York with a stopover in Southampton. In 1954, the Department of Justice of the United States mandated that each crewman receive a landing card under the McCarthy Law. At that time communists were not allowed to disembark on US soil (Photo 49). The storms were very frequent and the liner rocked from port side to starboard. We often had to get up at night to secure the portholes of the first class dining room with metal covers. The crew cabins were at the level of the water line and it was difficult to sleep during a squall, we slipped lifebuoys under our mattresses in order not to roll onto the floor. Sometimes the storms lasted two or three days. When this happened the passengers would not come to the dining rooms but would stay in their cabins. The Flandre and the Antilles were sister ships (Photo 50). The Antilles served the line between the French and English West Indies. I had the pleasure to serve celebrities during my transatlantic crossings. I remember vividly one occasion: I was carving a duck à l'orange at the table of Boris Karloff and his wife. She got up from the table to go to her cabin and came back with a magnificent silk scarf.

She asked me for my carving knife and its sheath, I handed them to her; my knife had a beautiful mother-of-pearl handle. She wrapped them in the scarf and handed them back to me saying: "Robert, this is for you", I turned towards her husband, Boris Karloff, who said in a deep voice: "When I was young this scarf belonged to me now it is yours." I have had the pleasure to serve many other celebrities, among them Christiane Martel, Miss Universe (Photo 51).

[Photo 49 The landing card issued after the McCarthy Law, 1954]

[Photo 50 The two sister ships, the Flandre and the Antilles, 1954]

[Photo 51 Miss Universe, Christiane Martel on board the Flandre, Robert is displaying a basket of delicacies]

In addition to regular Atlantic crossings, the Flandre went on cruises in the summertime. We went on an eight day cruise towards Norway with a one-day stopover in Oslo. The country has a long history, the Vikings were very prominent, and their most fierce tribe were the Normans. The population is rather fair and we were easily noticed as we had darker hair and complexions. We visited some stores where we saw beautiful sweaters of splendid colors. After this stopover, we sailed slowly towards the fjords west of Norway. It was the height of July and we met large numbers of fishing boats on the way. Then the liner headed northwest towards Iceland. After three days we arrived in the port of Reykjavik, the capital, in the southwest of the island. In 1806 there were only three hundred people in the city, when we visited there were one hundred and sixty-six thousand inhabitants and the population was increasing by two thousand people a year. Although we were there in July, the temperature was still chilly. The Scandinavian charm enthralled the passengers and the crew. After this excursion in the North Atlantic we headed back to Le Havre. Before the end of that year, the Flandre also went on a cruise in the Caribbean Islands and New Orleans in Louisiana. We docked across from Canal Street and were able to visit the historical center. I traveled by city bus to the French Quarter. When I got on the bus I went to the back, the driver asked me move to the front and later on I understood why: in that time the "whites" sat in the front of the bus and the "blacks" in the back. Upon my arrival in Bourbon Street in the French Quarter, I went to the Café du Monde which stayed open night and day. It offered a delicious menu; the Creole food was spicy and very good. A little bit of history: Louisiana is an old French territory and was sold to the United States in 1803, by a contract signed in Paris, for the sum of eighty millions gold francs. Louisiana, then, stretched from the Great Lakes in the north to the Gulf of Mexico in the south. Today the territory includes thirteen different states from Illinois to Louisiana. We celebrated the bi-centenial of this sale in 2003.

After one night in New Orleans, the liner took to the sea; we passed paddle boats at the mouth of the Mississippi. We headed for the Gulf of Mexico and made our way towards Houston Galveston in Texas. During this stopover the visitors were very different: they were real Texans with Stetson hats and Mexican boots. Some very elegant couples came to visit the liner and attend a cocktail party organized by the Commander. After Texas we headed for Cuba, a beautiful island discovered by Christopher Columbus in 1492, and we anchored off shore. The evening of our arrival we went to a show at the Tropicana. Gorgeous dancers were coming down from between the branches of large palm trees more than ten meters high. The rhythm of the merenges and the beautiful Cuban music was captivating. I went with two colleagues and we ordered three whiskys, the waiter brought us a bottle of whisky with gradations on the side to indicate how much we drank and how much we had to pay. At that time, just before the Revolutiom, the Cuban dollar had the same value as the American dollar. We also enjoyed quality

Cuban cigars presented by charming hostesses. The show was spectacular and the city itself was very pleasant and attractive. There were merchants on every street corner selling cheap but quality small cigars. It really was the country of tobacco!! There were many American sailors who enjoyed a beer on terraces with beautiful Cuban ladies. Fulgencio Batista was president, then. Our next stopover was Panama, where we docked in Cristobal Colon on the Atlantic coast. A buddy and I traveled by train to Panama City following the canal the whole way. We waded in the waters of the Pacific, which was a first for both of us. After our half day off we returned to the liner wearing Panamanian hats. The port of Colon was not very safe and it was not recommended to stay on land after dark. Next we made a short but unique stopover at the island of Curaçao, an island of five thousand square kilometers very close to Venezuela. The liner docked close to the port of the capital: Willemstad, in order to refuel. We had time to swim close to the pier and there I had a nasty surprise: a small octopus's tentacles grasped my arm and it was numb for about a week. The architecture of the capital is of Dutch origin. It was a very clean city of thirty thousand inhabitants.Our next stop was Venezuela where we docked at the port of La Guaira. From there I traveled by bus to the capital Caracas and admired some twenty-four carat gold jewelry. I purchased two gold brooches in the shape of an orchid; I gave one to my mother and later on one to my future wife, Andrée (Photo 52). We then traveled towards Jamaica, a splendid island with white sand beaches and

80

green mountains covered with multicolored flowers. We remained in Kingston for quite a while as an excursion to Montego Bay had been organized for the passengers. During that time we enjoyed the "Calypso" music, it was the time of the"steel bands", their instruments were metal cans on which players created languid and rhythmic melodies.

[Photo 52 Andrée's gold orchid brooch]

Our next stop was Port of Spain, the capital of the island of Trinidad. The city was very clean and well maintained and there were many stores to visit. I bought some "chouchou", a kind of English sauce made with curry, which is a delicious complement to avocados. The Britannia, the luxurious yacht of the Queen of England was anchored next to the Flandre. In the evening we went to the café restaurant at the Normandy Hotel where we saw a demonstration of the limbo dance and listened to traditional "Calypso" music. Another pleasant evening under the tropical sky!! The island of Martinique was our next stopover. We spent the day in the port of Fort-de-France. Near the Savana Place, where we went dancing in the evening, we saw magnificent Martinique women wearing madras, the ornate Creole turbans. Martinique is a small volcanic island of two hundred and thirty hectares. The volcano Mount Pelée erupted in 1902 and completely destroyed the town of Saint Pierre. Then we went to visit the neighboring island of Guadaloupe and anchored in the harbor of Point-à-Pitre. It is another volcanic island which already attracted a lot of tourists and where the bars beckoned us with their "ti punch". At the next stopover in Puerto Rico, which was a protectorate of the United States at the time we particularly enjoyed tasting rum and smoking cigars.Our next destination was Haiti, we arrived at Port-au-Prince, but the docking facilities were not good so we moored off the coast and had to use the local motorboats to get to shore, those were not very clean and rather shaky. The streets were not well maintained and there were lots of beggars. Although the island had gained its independence during a revolution, its economy was not stable. The island itself is very pleasant and sunny. Some good friends of mine lived on the island and we went to the café restaurant at the lookout at the top of the montain to admire the view over the bay. Then we went to Petionville where my friends owned a business and where the only impressive thing was the Presidential Palace. Back on board the ship, I served at the table occupied by the president of the island and his family; they were on their way to France. The president and his wife never wore the same clothes twice.After leaving Haiti, we sailed to the other end of the island which was called the Dominican Republic. The port of San Domingo was incredibly clean. However, when we went to shore, the inhabitants were not allowed to talk to us and when we approached them, they withdrew in fear. Trujillo was president at the time. After that visit we returned to New York. From there we were on our way to the North Atlantic towards Plymouth then our home port of Le Havre. Sometimes we would change course to meet other vessels to transfer injured or sick passengers or crewmen. It was always a delicate and difficult operation which was done by skiff and was nearly impossible in bad weather. I remember such a rescue when we were near the Azores; we had to sail along an island where we could see the swirls of fire and lava coming out of the crater of a volcano. During the third Christmas cruise on the Flandre, a majority of Israelis boarded the liner, they were frequent passengers of the "Transat" and were very posh, the remainder of the passengers were Canadians who embarked in New York. The Canadians were easy to serve especially those speaking French. There were four hundred and sixty crew members for the same number of passengers.

The customers could be demanding on these cruises. As the reports to the Purser indicated, the complaints were constant: the toilets were clogged or the air conditioning was not working, especially when we toured the Tropics. The complaints also pointed out the staffing shortage in the dining room: A head waiter and his assistant served fourteen to sixteen persons. Despite all these complaints the Commandant and the Purser recognized the devotion of the crew which was always ready to rise to the challenge. The tips which represented substantial sums in our trade were low or nonexistent when we reached New York. Back in Le Havre I was promoted and I embarked on the liner Ile de France (Photo 53). The liner made regular round trips between Le Havre and New York all year round. The Ile de France was the most decorated liner in the world for military missions. It transported soldiers and supplies between the United States and England during the Second World War. After the war the ship was retrofitted extensively - one of its three chimneys was removed, the interior salons, dining rooms, staterooms and cabins were totally remodeled.The Ile de France assisted in an extraordinary rescue in July 1956. One day there was a thick fog and the ocean was very calm. A Swedish liner, the Stockholm, collided with the Italian liner, the Andrea Doria (Drawing 56) and smashed its prow dead center. The portholes of the Andrea Doria remained opened, even after rescue groups went on board, which was curious as the first duty of the safety crew is to close them in the event of an emergency. The boat sank slowly. The alert and an S.O.S. were sent in all directions and many ships answered the call.

84

[Photo 53 The liner Ile de France]

[Photo 54 Shipwreck of the liner Andrea Doria]

The Ile de France had been at sea for a day when it received the distress signal and it headed immediately towards the coordinates of the disaster. The Captain offered all its resources and the entire crew to rescue as many passengers as possible. We were very surprised to see that the first rescue boats coming from the Andrea Doria were occupied by crew members!! After rescuing seven hundred passengers and the crew, the Ile de France returned to New York to disembark them. Back in New York the Ile de France was decorated by the French and American authorities for this extraordinary rescue. On our subsequent trips we saw the Stockholm and its smashed prow anchored at the mouth of the Hudson River (Drawing 55). A year later coming back to Le Havre on June 16, 1957, my father was waiting for me on the pier. He had come to announce that my brother Pierre had died from a work related accident at the age of thirty one. He had stayed in a coma for several days before passing away. It was devastating news for my parents and the rest of the family. My brother was married and had a small daughter, Caroline, whom he used to call his "little doll". He will be missed forever.

In order to become a maître d'hôtel in the General Transatlantic Company and to know all the strings of the job, it was advisable to train in other jobs. So I completed two training courses as deck chief on the liners Colombie and Antilles (Photo 56). The two ships traveled the same route between the French and the English West Indies and France. The regular route of these two liners went from Le

Havre to Southampton, then to Vigo, Spain and once in the Caribbeans, Point-â-Pitre, Le Roseau, Fort-de-France, then Barbados, Trinidad, La Guaira, Curacao and then back along the same route to Le Havre.

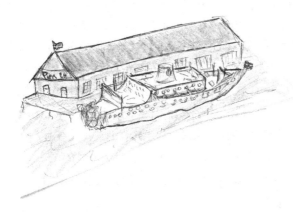

[Drawing 55 The damaged Swedish liner, the Stockholm at the pier in New York]

[Photo 56 The liners Colombie and Antilles]

The deck chief was responsible for the swimming pools, the library and the passengers' mail as well as the deck chairs and had two deck hands to assist him. He also organized the "baptisms" when the liner crossed the Equator. The "baptisms" took place in the swimming pools. Also, when we crossed the Equator we changed uniforms from navy blue to white (Photo 57). The voyages on these two ships were longer than those of the route Le Havre-New York. It took about twelve days for the round trip back to Le Havre. At each stopover we were on the gangway to greet the passengers when they embarked and disembarked. Three quarters of the customers were civil servants. Often married women traveled to join their husbands or to go back to France on vacation. There was much flirting as those young women seem to take a fancy to the uniforms!!

THE LINER FRANCE

To finish this beautiful story of sea voyages, I will now talk about the last liner of the General Transatlantic Company: the France (Photo 58). The arrival of this magnificent liner in the port of Le Havre on January 10, 1962 was a grand affair.

[Photo 57 Robert, the deck chief in two different uniforms, navy blue and white]

[Photo 58 The France, arriving in Le Havre, 1962]

Thousands of people were on the wharf, the breakwater and the beach awaiting the arrival of this splendid liner. The France had been built in the shipyards of Penhoët in Saint Nazaire and was christened in the presence of General de Gaulle and his wife, the godmother of the ship, on May 1, 1960 (Drawing 59).

The France was the longest liner in the world: 315 meters long and 33, 70 meters wide, weighing 55,000 tons, with a speed of 31 knots, an operating range of 15,000 kilometers and 60,000 CV power. Its propulsion and electric installation were equipped with a power station of 135,000 kW. Its hotel capacity was 1000 cabins for passengers and crew: it could accommodate 2050 passengers and 1111 crew members. There were sixty cooks, pastry chefs, bakers and butchers to serve more than 3000 plates per meal including the crew. There were eight hectares of decks. The leisure areas of the ship included a 700 seats theater, eight bars, five dance floors, two libraries, two swimming pools, a playground for children and a kennel for our faithful dogs (Photo 60). The first class dining room served two hundred and fifty meals per service and there were two services. It was necessary to be well organized during the first service which lasted about one hour and forty five minutes to two hours as the second service followed immediately.We only had fifteen minutes to reset the tables. The second class dining room served seven hundred and fifty people per service for a total of one thousand five hundred per meal.I embarked on the France on January 10, 1962 as head waiter of the first class dining room, it was a great promotion. My station was at the front of the dining room and I was responsible for the even numbered tables, I wore badge number 2 on my jacket (Photo 61). I took part in the inaugural dinner aboard the ship on January 12, 1962. Prime Minsiter Michel Debré was there and made a speech in which he declared: "The France is France...Vive la France". The dining room was full of VIPs, celebrities and government officials. The evening was magnificent (Photo 62). We had another important dinner on January 14, 1962, for the charity event: "The Bal des Petits Lits Blancs" (The Ball of the Little White Beds). This benefit evening was a tradition at the General Transatlantic Company. I was in charge of the Captain's table and his guests included the great American actress Audrey Hepburn. I was very proud of my trade and honored to represent the culinary art of our great chefs and to provide a superb service (Photo 64).

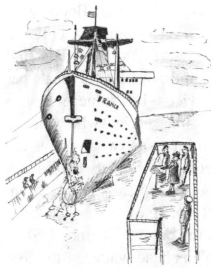

[Drawing 59 The godmother of the France, Mrs. de Gaulle, 1962]

[Photo 60 Our beautiful dog Milord]

[Photo 61 Robert, the head waiter, in the first
class dining room on board the France]

[Photo 62 Médaillon de France]

►LES ANNÉES "FRANCE"

L'ex-paquebot France est de retour au Havre. C'est l'une des ultimes escales de Norway et, à cette occasion, nous publions « Les années France » avec des photos des plus grands moments de la vie du célèbre transatlantique. France a fait la fierté puis la tristesse des Havrais, depuis le 23 novembre 1961. Séquence nostalgie en images.

14 JANVIER 1962 : La ravissante Audrey Hepburn, inoubliable interprète de « Sabrina » de Billy Wilder, est à bord de *France*, illuminant de sa présence l'un des plus grands événements de la saison : le bal des Petits Lits Blancs. Près de 1 200 invités assistent à cette soirée de bienfaisance. L'actrice américaine est ici en compagnie du premier pacha du transatlantique : le commandant Georges Croisile.

[Photo 63 The Bal des Petits Lits Blancs, with Captain Croisile and the great artist Audrey Hepburn]

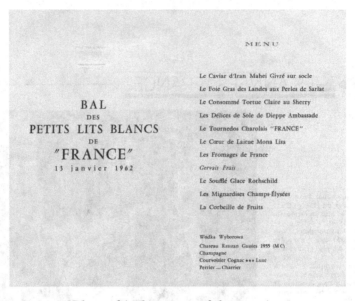

MENU

BAL
DES
PETITS LITS BLANCS
DE
"FRANCE"
13 janvier 1962

Le Caviar d'Iran Mahei Givré sur socle
Le Foie Gras des Landes aux Perles de Sarlat
Le Consommé Tortue Claire au Sherry
Les Délices de Sole de Dieppe Ambassade
Le Tournedos Charolais "FRANCE"
Le Cœur de Laitue Mona Lisa
Les Fromages de France
Gervais Frais
Le Soufflé Glacé Rothschild
Les Mignardises Champs-Élysées
La Corbeille de Fruits

Wodka Wyborowa
Chateau Rauzan Gassies 1955 (M C)
Champagne
Courvoisier Cognac ✱✱✱ Luxe
Perrier ... Charrier

[Photo 64 The menu of the evening]

While in Le Havre and before each departure of the liner, two members of the civil staff went on land to taste the wine for the crew before loading it on board. I often took part in these wine tastings: we only tasted red wine. As to life on board there were communal dining rooms for each group of personnel: the civil staff, the sailors, the deck personnel and the machinists. The food served to the staff was excellent and well prepared. A typical menu would include for instance: an entrée (delicatessen), a main dish Choucroute garnie (sauerkraut with sausages), cheese and dessert (fruit pie), all of which was served with a beverage of your choice: water, wine or beer for which we had to pay. Next to the staff dining room were three display windows at the disposal of each trade union for bill posting information, union meetings on board, etc. I maintained the trade union of the C.F.T.C... There were three unions on board: F.O. (Force Ouvrière), C.G.T. (Confédération Générale du Travail) and C.F.T.C. (Confédération Française des Travailleurs Chrétiens). Once the trade unions of the civil staff asked for a dollar raise per day on cruises lasting more than forty five days. The petition was refused so we launched a forty five days strike in the port of Le Havre.The cabins of the head waiters were below the water line and comprised four berths. The facilities: showers, toilets and linens were well provided for and we all had a very comfortable life on board. The ship was very stable and barely rocked as the France had built-in anti-roll stabilizers...It felt as if we never left the wharf. Our work days were long: we began our day with the breakfast service at 8:30 AM. The two lunch services were from 11:30 AM to 3:00 PM and the two dinner services were from 5:00 PM to 11:00 PM. A third of the staff served breakfast, another third served afternoon tea and the last third served in the cabaret in the evening, which could last late into the night. Our customers were ninety percent American. It took us four days to cross the Atlantic. There was a six hours difference between Le Havre and New York and we had to be constantly in "real time", so we had to adjust the clocks by twenty minutes every three hours: it was easy on the way to the United States as we moved the clocks backwards. On the other hand, on the way back we moved the clock forward and it made life difficult for us as we had to work and sleep...quickly. The first class service was ultra luxurious. As head waiter I attended with my staff to about fifteen people at different tables. The lunch and the dinner menus changed every day (Photo 65). The dishes were brought on silver trays as on all the other liners of the Company. The carving and presentation of a dish was done in front of the customer: if a customer ordered a pheasant à la Souvarov or a sea perch au Chablis, the whole animal was brought to the table where it was carved and served, left overs were sent back to the kitchen. The sommelier (wine waiter) served cocktails and wines which could be selected from a list worthy of the best restaurants in the world. The Captain's table, which was used only twice during the crossing: on the day of departure and on the last day before arrival, was used to lay out the hors d'oeuvre: there were two kilos of caviar on ice blocks, along with several pieces of smoked ham and smoked salmon and liver pâté with truffles in fresh jelly. The kitchen did a marvelous job: our customers were offered every luxury they could desire.The staff of the dining room was well trained and very professional. We often served celebrities and VIPs in the first class dining room.

*[Photo 65 The menus of the General Transatlantic
Company from 1950 to 1964]*

CRUISES ON THE FRANCE

Now I will talk about my last cruises on the France. The Carnival cruise in 1963 departed from New York and returned to New York with many stopovers along the way. We had loaded ninety five percent of the food supplies in Le Havre. The entire ship was first class; there were a thousand crew members for a thousand passengers. Included were staff personnel who were responsible for briefing the passengers before the stopovers and organized entertainment on board. Each day, briefings were held in the 700 seats theater. The customers were American, Canadians and Europeans. We left Manhattan on February 15, 1963. Two hours out of the Hudson estuary we were met with a strong gale from the northwest, however the France barely pitched thanks to its stabilizers, the passengers were impressed by the stability of the liner. The first stopover was in the port of Everglades City where the weather was exceptional. After the ship anchored the last of the passengers embarked on shuttle boats and the deck crew went fishing for sharks. There was a multitude of sharks and giant turtles swimming around, we were all leaning over the railings to watch them. The crew deck, mostly made up of sailors from Brittany and Normandy, were good fishermen. The fishermen threw overboard a buoy rigged with a hook on which were attached pieces of meat dripping with blood. The sharks circled the buoy.

Once the buoy disappeared under water, six sailors rushed on the line and pulled the shark aboard. They attached a rope to its tail, the shark was thrashing on the deck, there were three sailors on either and they were tossed around by the fighting animal. After passing the rope through a hook the shark was hoisted, one of the sailors cut open its belly and five baby sharks fell on the deck. They were thrown overboard. This catch interested greatly the chefs who knew some recipes using certain parts of the shark.Once all the passengers were on board everyone was ready for a great cruise. The sun was shining and the weather was fine all the way to Fort-de-France. Dolphins riding the bow waves were a usual occurrence and accompanied us often on our voyages. The France arrived in Martinique in the early morning. It was difficult for a ship that size to dock and in those days there weren't any wharfs large enough in the Caribbean. The passengers had been given a briefing the previous evening. After breakfast the passengers boarded motorboats and went ashore to tour the area and to taste the local specialities. At the end of the day, local officials came on board for a reception followed, of course, by a delicious dinner. The evenings aboard the ship were usually spectacular. After dinner and a show the passengers, all dressed in evening clothes, went around the casinos. A buffet was set up for them on the upper deck and a team of cooks were available until 2:00 AM to ensure that everyone was happy and satisfied (Drawing 66).

[Drawing 66 Buffet on the bridge, 1963]

The Carnival cruise lasted about twenty six days. After the journey to the West Indies, the ship made way towards Brazil, where it anchored in the Bay of Rio de Janeiro. A crowd of onlookers came to see the splendid liner. There were many smaller boats in the bay and we had to weave our way to our anchorage. We went to the bow to admire the Bay of Guanabara. Countless smaller boats were circling the France. One of them was carrying a loudspeaker and asked us if we were coming to fish for lobster... It was a sort of joke as it was the time of the "lobster war". For a few years there had been a legal battle over fishing grounds between France and Brazil. The Tartu, a squadron ship of the French Navy had been sent off the waters of Brazil to protect the Breton fishermen. Although we felt slightly threatened there weren't any major incidents during our stay. The crew managed nevertheless to go on shore and participate in the celebrations of the Carnival, but the local officials refused to come on board for dinner. Afterwards we went back to Martinique and the Caribbean. The passengers were all satisfied with the cruise and the service onboard the liner. The crew were able to make important connections with some of the passengers which would be beneficial in the future. Everyone knew that aviation would soon prevail over sea travel. Many of the customers offered us references and even jobs if we wanted to go and work in the United Stated. I still have some of those written offers! My very last cruise on the France was a memorable eight day cruise. We went from Le Havre to Southampton then on to Lisbon, Dakar in Senegal and ended on the Island of Madeira, afterwards we came back to Le Havre via Southampton. We called this cruise the "English Cruise" as the majority of the passengers were British. Before leaving Le Havre the Company had loaded an Italian Ferrari on the upper deck, which would be the grand prize of a raffle held for a charity organization for men at sea. The passengers could drive the car on the deck and even turn around as the deck was so large. The winner of the raffle would be announced on the last day of the cruise. After leaving Le Havre we stopped at Southampton to board the majority of the passengers. On the way to Lisbon, Portugal, we sailed slowly up the Tage and anchored. The passengers went ashore in motorboats as usual. The architecture of the houses was very interesting and we also went to see the monument of the Cristo Rei, an exact replica of the Cristo Redentor of Rio de Janeiro (Drawing 68). In the evening we went to a café restaurant to listen to the passionate Fado. The Fado is a very old traditional Portuguese music. Women, dressed in black, sing with a deep voice full of emotion and pathos, tears run down their cheeks as they sing, they really live their music. We were drinking a good bottle of four-year old port as we were listening to the music. We also visited the city and went to a museum of antique carriages (Drawing 69). The Portuguese language is very pleasant to the ear. All good things must come to an end and we left Portugal, at the estuary of the Tage we went south towards Senegal and the port of Dakar, which was another beautiful place to visit.

[Drawing 68 Cristo Rei, Portugal, 1963]

[Drawing 69 Carriages of Portugal, 1963]

From Senegal, the France took to the open sea for its last stopover: the island of Madeira, a little paradise of volcanic origin six hundred kilometers off the coast of Morocco. Madeira is a vacation spot all year round. The culture of exotic flowers is a local charm as well as the Madeira wine. Both contribute to the economy of the country. The countryside and the landscape were truly superb. The architecture was original with its "triangular" houses (Photo 70). We docked in the port of Santa Cruz. The passengers went ashore to visit the wine cellars aboard the local transportation: sleighs decorated with flowers and ribbons pulled by two oxen took the passengers, four to six in each, to wine cellars along a road following a river. The cellar men offered us small glasses of wine from different vintages. On the way back the sleighs went on the other side of the river and more tastings awaited us. At the end of the excursion I bought some good bottles of Madeira wine and we went back on board, many of us with a headache!! As we returned to the France, all the passengers commented on how much they were enjoying the cruise. Once on board and after dinner was over, there was a big reception in the living room for the drawing of the raffle. An American passenger who was a frequent traveler on the "Transat" won the Ferrari. After we landed in Southampton and said goodbye to our English friends we returned to Le Havre and the American passenger left with his Ferrari. The Company was very happy that this little jewel went to a faithful customer.

After fifteen years with this great Company, I decided it was time for a change. One year before the end of my career with the "Transat" and three years after my divorce I had met a charming young lady in June 1963 (Photo 71). She was born and lived in the district of the Misérables, at 9 Impasse Cosette, close to the Jean Valjean staircases in Le Havre-Graville. This district has been immortalized in the dramatic and romantic work by Victor Hugo (Photo 72).

Triangular shaped houses, typical of the town of Santana on the north coast of Madeira

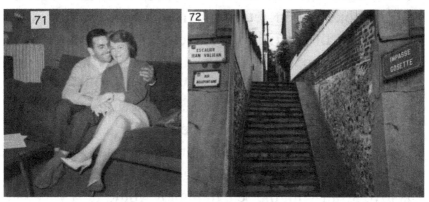

[Photo 70 Triangular houses on the island of Madeira, 1963]
[Photo 71 The beautiful Andrée, 1963]
[Photo 72 Impasse Cosette in Le Havre, 1963]

105

This charming young lady worked next to my apartment at the home of a nice couple with two children. I used to see her everyday when she left work at 8:00 PM. I decided to approach her when I was at the wheel of my Renault car and offered to drive her home. She was happy that I approached her as she had been waiting for a long time; she had kept an eye on the comings and goings of the France from the windows of her employers' house. She had been waiting patiently to meet me for three years. The day she agreed to get into my car, we drove past her residence so we could have more time to get acquainted. We went to the beach at Sainte Adresse. Through some neighbors of my parents' I had learned that her name was Andrée, I had to introduce myself as she did not know my name. We decided to use our first names in order to simplify our relationship. After leaving her at her home on Impasse Cosette, I was really happy to have made her acquaintance. Thereafter, we saw each other often. I would find little messages in my mailboxes upon returning from each voyage. After five months of courtship we decided to get married.On Tuesday September 24, 1963, at 5:30 PM I married my beautiful Andrée in Le Havre. We finished this amazing day with a dinner at la Bière Paillettes with our parents. The life of a world traveler is perfect for a bachelor and I got to see many different countries, but now that I was married my priorities had changed and I wanted to end this love affair with the sea, though it would be a very sad goodbye to the "Transat" and especially the France. The France sailed through the seas and the oceans of the world and was the pride of the French people and sailors. It was a sad decision to let go of this beautiful jewel, it was taken out of commission shortly after I left. Instead of selling the France to a foreign country, it could have been used as a gastronomy, culinary and hotelier school or it could have been anchored near Normandy on the Seine estuary and used as the museum of the General Transatlantic Company, which has more than a hundred years of history. This museum could have given Normandy's economy a boost and help the war torn city of Le Havre...But the government decided otherwise, without any foresight as to what the the image of the France could still bring, the liner was left to sit at anchor and decay for three years before being sold (Photo 73). To all the people who helped in the construction of the France and its ultimate popularity and in memory of its godmother, Mrs. de Gaulle I say: "Be proud of your splendid masterpiece forever vanished." I was honored to be in the dining room of the France on June 8, 1964 for the gala dinner which celebrated one hundred years of the General Transatlantic Company route between Le Havre and New York.

[Photo 73 The liner France at the pier for three years, I am with my daughter-in- law, Anne Marie, my daughter Sophie and my son Robert John]

One hundred years before this gala dinner, on June 15, 1864, the Washington liner sailed under the French flag from Le Havre to New York arriving there on June 29, 1864 after a thirteen day and twelve hours voyage. The chronological list of the ships in service since then was on the back of the menu of the anniversary dinner (Photo 75). I send my greetings to all the sailors of these long voyages who participated in this hundred year epic adventure. My spouse Andrée and I decided to organize our life together in a more romantic way. I thought that I would be able to find a job as maître d'hôtel in Paris, but unfortunately, there was a job shortage in France in the sixties. I proposed that we moved to the United States and Andrée agreed as it would mean the end of long separations.

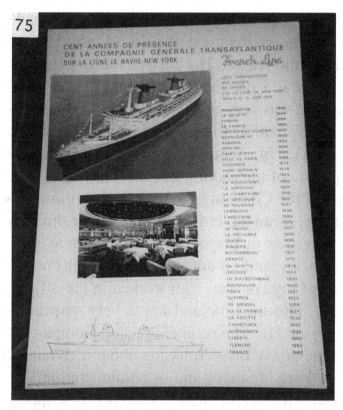

*[Photo 75 The chronological list of the liners on the
route Le Havre-New York between 1864 and 1964]*

I informed one of the faithful customers of the "Transat",
Ted Wakefield, of our intention to move to the States. He
helped us with the necessary paperwork to immigrate.
I had earned some vacation on land and we took this
opportunity to make an appointment at the headquarters of
the Company at 6 Rue Auber in Paris. I planned to ask for
a free one-way ticket to the States, which in theory, was
always granted to crew members with an exemplary record,
which was my case. The officer in charge of making the

decision was one of the Captains with whom I had served on the Liberté. To my great surprise he refused my request without a valid reason. His answer was to offer me a free return ticket if I decided to come back to work for the Company. It was very sad to refuse such a small token to a good employee after fifteen years of faithful service. The Company used my photograph, a black and white 50cm by 50cm picture of me serving a soufflé au Grand Marnier to officials of the Company in the first class dining room of the Flandre, as an advertisement poster for the Company. The poster was displayed both in Le Havre and in the Paris agencies, and no doubt others as well(Photo 76 and 77). One of my cousins, who worked in the offices of the Company, informed me and I was very surprised to see my photo in The Havre agency. The Company did not consult me or ask my permission about it. What a lack of manners. Vive la France and its administration. After this deception, Andrée and I had a very important appointment at the United States Embassy for a medical visit and immigration formalities. Our applications had already been facilitated by our "sponsor" Ted Wakefield, and the meeting was a formality. Afterwards we went to the Palais de l'Elysée at the invitation of Mr. Lefèvre, who used to be my supervisor when he worked for the "Transat". When he retired he became the Superintendent of the Elysée under President de Gaulle. He personally gave us a tour of the Palais including a stroll through the gardens and we were able to see the room where the President had given a speech the previous day.

[Photo 76 The advertisement poster of the Company while I was on the Flandre]

[Photo 77 Headquarters of the General Transatlantic Company, Rue Auber, Paris]

After this long day in the capital we returned to Normandy in the evening. We needed to rest and sort through the results of our appointments. The following day I requested a one-year leave of absence without pay from the Company. I was eligible to receive a pension after fifteen years of service. So, I left the France, I missed the travel experiences and my friends on board but the love for my spouse prevailed. I kept dreaming of the liner for three years after leaving. We got in touch with Ted Wakefield in Vermillon, Ohio to let him know our arrival date. We took off from Orly airport on August 11, 1964 on board a PanAm flight which landed at Idlewild, New York

(Photo 78). As we stood in line to go through immigtation we heard our names called on a loudspeaker. We were told to go to an immigration office where an officer was waiting for us. He shook our hands and said: "Welcome to America". Then he gave us our "Green Cards", these were precious documents which allowed us to become permanent residents of the United States. Before we left the officer told us:" In the States you don't mess with the I.R.S. or the immigration laws." He wished us good luck and we left. We were very impressed with this welcome. Next the adventure started for us in this large and beautiful country and for many years to come. Once the formalities over we met my cousin Raymond Bosquer and his family. We spent two days in Manhattan and I was able to show Andrée the sights of New York City as it was her first trip. One of our most memorable visits was to the Empire State Building, which we saw from top to bottom! Raymond was the perfect guide as he knew all the best restaurants in Manhattan. After these two days we traveled by train to Cleveland, Ohio. This trip westward took us through Pennsylvania and our first introduction to this vast country. When we arrived in Cleveland, Ted Wakefiekd was waiting for us and he drove us in his Thunderbird to Vermillon on a road following Lake Erie. Their house was built on a peninsula of the lake. This area was very reminiscent of Normandy: the apple trees, the humid climate and the greenery, especially in August. The city of Vermillon was small but very pleasant and we got to meet the family of our "sponsor" and American friend.

Ted Wakefield had booked us a room in a motel on Lake Erie so we could rest from our long journey. The family Wakefield was wonderful and very generous as you will see. We had to deal with some formalities, mainly getting a drivers'license in order to be able to travel more easily. When I finished filling the paperwork and passing the driving test in Ted's Thunderbird, a police officer, six feet tall and wearing a large black hat asked me if I had my French drivers'license, I told him:" yes I do", I handed it to him and he examined closely the pink document with three pages, then looked at me and before I had time to protest he tore it and threw it in the wastepaper basket and said:" You don't need it anymore. Here is your new drivers'license and it is even good in Europe".

[Photo 78 Andrée looking a little anxious before her first flight to the United States]

[Photo 79 Andrée and our Ford Mustang, 1964]

*[Photo 80 Andrée and Robert on board
the Wakefield family yacht]*

Then we returned to Vermillon, where our good-hearted American friends had another surprise waiting for us: a second-hand red Ford Mustang. "You will pay me later", said Ted, handing me the keys (Photo79). After this act of kindness, they took us on a tour of Lake Erie on their yacht. From there we went to a restaurant with a magnificent view of the lake in the neighboring town of Huron City (Photo 80). While in Vermillon we contacted the director of Maxim's of Paris in Chicago. It was the second Maxim's in the world; the third was in Tokyo, Japan. After talking to the director he offered me a job as assistant maître d'hôtel in the dining room. We said goodbye to the Wakefields with many thanks for their kindness, generosity and patience. We took Highway 80 and 90 towards Illinois. There were more than four hundred miles to travel under a very heavy snow storm and it took us more than eight hours to reach our destination. Once we arrived we went directly to the restaurant to meet the director as well as the chef. After securing my job, we went to look for an apartment, we wanted to find something close to Maxim's as we did not want to have to drive in the winter as the weather can be very harsh, windy and snowy. As we were getting to the parking lot to retrieve our car we saw two police officers, one of them was pointing a gun at an individual with his hands in the air and the other was searching him. I turned towards Andrée and told her: "Welcome to Chicago".The restaurant at Maxim's of Paris was owned by Mrs.Goldberg and was located in the Astor Tower at 1330 North Astor Street, a few hundred yards from Lake Michigan. Maxim's of Chicago was managed by the personnel of the Maxim's in Paris. It was a very elegant establishment and had earned five stars in the Mobil Travel Guide, the American equivalent of the Michelin Guide. All the staff was French except for the bartenders who were American. The atmosphere was reminiscent of Paris in the thirties. Andrée found work with a sculptor for whom she cooked; this artist was also the owner of the shoe company Florsheim, which I have been wearing for thirty-six years as they are very comfortable and of very good quality. Chicago is a different city. One evening, the orchestra was playing for the customers. I had finished my shift and went to retrieve my raincoat from the rack behind the stage. When I grabbed it, it felt very heavy. I thought that some of my co-workers were playing a prank and had stuffed ashtrays in my pockets. Reaching in a pocket I was shocked to dicover an enormous revolver. The double bass player in the orchestra, seeing me with the revolver, gave me a sign, smiled and told me it was his and to put it on the floor. Andrée and I passed two wonderful years in Chicago, from October 1964 to 1966. In the spring Lincoln Park was green and full of flowers, and has a beautiful view of the zoo next to it. The beach gets crowded in the summer; the water is warm and perfect for swimming. We watched air show demonstrations by the Air Patrol over the lake. We often walked to the lake shore as it was barely five hundred meters from our apartment. The town center is very impressive and there are many nice stores and many shopping opportunities. We also went to an art gallery where we bought a painting signed by"V. Berg", it represents the wake of the France as it would be seen from the rear deck at sunset: the painting brings out the splendid colors of the sky and the sea.

Every time I look at the painting it reminds me of my time at sea. (Photo 80b).

[Photo 80b The painting of the wake of the France by V. Berg]

Chicago is also a very lively city, but the winters are very cold. We lived in a small studio apartment on the eleventh floor of a building named "Hanover House" on Goethe Street. We were very comfortable. In the winter the snow flakes were so large that they replaced curtains. It was not a good time to drive; I could walk to Maxim's which was just a block away from our apartment. The customers of Maxim's were high society. There were also many celebrities, both French and American. I still have the menu of a very special evening held in honor of the French singer, Charles Aznavour. I also have the menu of a very special New Year's dinner in 1964-1965 (Photo 81). The cloakroom was guarded by security personnel to protect the fur coats of the elegant ladies: mink and otter coats. The bar was luxurious and often full of customers who liked to drink cocktails before dinner. The banquet hall was called the "Bagatelle Room" and could sit about fifty people. As part of my job at Maxim's, I gave demonstrations on carving and presentation on TV. Once a month I went to a studio and did a live show during the morning news. I answered questions about French cuisine and gave demonstrations in a kitchen set up especially for the show.

[Photo 81 The menu of Charles Aznavour
and the Maxim's plate, 1965]

Our first year in Chicago allowed us to prepare for the BIG event…Andrée was expecting a baby in October and we hoped it would be a boy, it was Andrée's greatest wish. Our little Robert John was born on October 13, 1965. She gave birth to "her boy" at Grants Hospital next to Lincoln Park. She still calls him "Minou" to this day (an affectionate term that the French use for their cat). It was such a joyous day for us and our family in France (Photo 82). I offered Andrée a splendid silver set which I purchased at Marshall Fields to celebrate the birth. We gave Robert, the middle name John, in honor of President J.F. Kennedy who was assassinated on November 22, 1963. The whole world loved him and the French especially loved his wife,

Jacqueline Bouvier Kennedy, as she was of French descent (Photo 83). The grandparents Auber and Boudesseul were overjoyed as was the rest of the family. Before going to France to introduce the new family member, we went to Vermillon, Ohio to celebrate the baptism of our baby with the Wakefields. We came back to Chicago and took two weeks vacation to visit our families in France. We were invited to dinner every day. What a celebration! We enjoyed our stay in France but unfortunately we had to return to work in Chicago.

[Photo 82 Minou, our baby at birth, October 23, 1965]

*[Photo 83 Little Robert John, saluting the
memory of President J.F. Kennedy]*

Back in Chicago I returned to work at Maxim's, it was the height of winter. I had a very good relationship with the chef who told me of a job opportunity as assistant manager at the Plimsoll Club, a millionaire club in New Orleans, Louisiana. I had just spent two years in Chicago and this one year contract in New Orleans involved training a brigade of dining room staff. After careful consideration and the incentive of a higher salary, I took the job. After our decision to leave Chicago we went to say goodbye to our friends and thanked our employers for their consideration. We bought a new car, a Chevrolet Caprice which would be more reliable on the freeways. We reimbursed the price of the Ford Mustang to the Wakefields. We took the road in our new car, heading south on Highway 57. We stopped in Gary, Indiana to bid farewell to friends whom I had known on the France and met again at Maxim's in Chicago. As a farewell present they very kindly gave us a plate from Maxim's. We used to visit them over the week end and stayed in their guest house, they had a very large property with a swimming pool. After our short stay in Gary, we took the road once again, heading south on Highway 55. We made a short stop in Memphis, Tennessee. At the end of the third day we reached New Orleans. The city had changed considerably since my last visit on the Flandre in 1955. We entered New Orleans on the day of Mardi Gras. The tradition of Mardi Gras (or Fat Tuesday) dates back to 1857. Canal Street was crowded; people were celebrating along floats covered with flowers. We managed to cross the city and get to our apartment in the suburb of Gretna, on the opposite shore of the Mississippi. When we arrived our car was covered with flowers and garlands. What a great reception for our arrival!! The following day, I went to the Plimsoll Club, it was located on the thirtieth floor of 2 Canal Street on the shores of the Mississippi, with a wonderful view of the city. On the top floor there was a large lounge and a bar; the whole floor revolved slowly so the members of the club and their friends had a panoramic view of the city as they sipped their cocktails before dinner. The club had the shape of a star with four branches: the dining room could sit two hundred and fifty customers and overlooked the Mississippi; the kitchen occupied the second branch over the Gulf of Mexico; the private rooms occupied the third branch and the fourth branch housed the management and the administrative offices (Photo 85 and 86).

[Photo 85 The plate of New Orleans]

[Photo 86 Robert, assistant manager of the Plimsoll Club with the assistant chef in New Orleans]

The climate of New Orleans is humid but usually sunny and when it rains the pavement is often flooded. One night at two in the morning we noticed that there was ten centimeters of water in our apartment; we had to move upstairs in order to stay dry and safe, especially with an infant.A very large majority of the population of New Orleans understands or speaks French, but I really had to prick my ears to understand the Arcadian accent. Eighty percent of the staff I recruited for the dining room spoke French. I taught them all the secrets of the trade and was satisfied with the results and the attention they gave the customers. Once properly trained they proved up to the challenge of serving in such a distinguished club. The chef was also the director of the establishment and had fewer problems as he had a professional French staff. The menu of the club strongly resembled the one at Maxim's of Chicago. During my year long contract in New Orleans I made many contacts with people from all over the States. One of them offered me a job in his restaurant in Washington D.C. The restaurant was called Le Petit Paris and was located at 1212 Connecticut Avenue, very close to the White House. When my contract at the Plimsoll Club was up I accepted the offer. It would be a great opportunity for a year, we also wanted to visit the federal capital and travel before settling down. The clientèle of Le Petit Paris was composed of politicians and celebrities. I had the honor to organize a sumptuous evening for Maurice Chevalier to celebrate his eightieth birthday on November 8, 1967. He had been to Chicago and New York previously and the capital wanted to honor the work of this authentic French singer and artist. The United States acknowledged him as an international star. After his arrival and a press conference, Maurice Chevalier was invited all over town. He came to Le Petit Paris where we served him a Champagne dinner. The owner, his son and the chef had prepared a fabulous dinner as well as a memorable birthday cake. There was music and the tri-color French flag was displayed. The whole event was skillfully presented and served by the maître d'hôtel, Robert Boudesseul (Photo 87). It was a great honor for me to serve such a great artist. Maurice Chevalier signed a menu for me before leaving for other engagements (Photo 88).

[Photo 87 Menu of the restaurant Le Petit Paris signed by Maurice Chevalier]

[Photo 88 French-American newspaper commentary on Maurice Chevalier]

The federal capital of the United States owes its name to its first president, George Washington, one of the founders of this country. He lived from 1732 to 1799 and was president from 1789 to 1797. During our stay we visited his residence in Mount Vernon and saw the monument erected in his honor (Photo 89). Washington was instrumental during the War of Independence with the British and he was helped by the Marquis de Lafayette and the Comte de Rochambeau at the battles of Trenton and Yorktown. In 1789 Washington authorized the French architect François Pierre L'Enfant to design the plans of the city. We also visited the Cave of Luray in Virginia, which is very close to the capital (Photo 90). Our year-long stay in the capital went very fast as there was so much to see: Wonderful museums and countless monuments. I had kept in touch with my colleagues from Chicago, in particular, a Dutch friend: Harry, who used to work for the Holland-America Line. I recommended him at Maxim's where he worked for two years. He then left for California in search of a job; he was hired to work in a great French restaurant in San Francisco, La Bourgogne, and a five star establishment in the Mobil Travel Guide. The owner of this restaurant was looking for a professional maître d'hôtel. So my friend Harry put me in touch with the owner who offered me the job after a brief phone conversation. I accepted the job and we would leave the capital on April 24, 1968. After crossing the Untied States from north to south we were getting ready to cross them from east to west. We had to plan carefully for this trek which would take six days of

125

driving. We hooked up a U-haul trailer to the Chevrolet Caprice (Photo 91). We packed three coolers, two in the trunk and one in the front of the car so that Andrée could prepare sandwiches "à la Française" for our lunches while I drove, it was out of the question to stop for lunch. Of course, we also packed some good bottles of red wine which we would enjoy when we stopped in motels at night. The entire back seat was taken up by our son; he was well set up and comfortable with pillows, blankets and a few toys. He was two and a half years old.

[Photo 89 The Mount Vernon plate]

[Photo 90 The Luray Cave plate]

[Photo 91 The Chevrolet Caprice with the U-Haul trailer]

We left Washington, D.C. and headed west, around eight in the morning we were on Highway 70. Columbus, Ohio, the Capital of the Arts, was our first stop. We traveled roughly five hundred miles a day. We would start looking for a motel around 6:00 PM. Once we found one the first thing we did was to jump in the swimming pool to relax and enjoy a well-deserved break. Once in our room, we would plug our small electric hot plate, set up the table and we felt at home, and our little family gathered around the table for a good meal…with wine of course, before a good nights sleep. Every morning after breakfast I would call my employer in San Francisco and update him on our progress. It was specified in my contract that he would cover our traveling expenses and motel stays. On our second day we passed by Indianapolis, Indiana, famous for its car races. We took Highway 80 heading northwest. Our second stop was in the town of Davenport, Iowa. The following day we went through Nebraska after crossing the Missouri River. En route we stopped at a small farm to get drinking water. Unfortunately we were poorly received: a woman of a certain age and wearing a long black dress, came out of her house waving a gun at us, a young man was running after her trying to stop her. Startled we left in a hurry back onto Highway 80 and headed for our third stop, Grand Island, Nebraska. This encounter upset us and we had trouble sleeping that night. But we learned our lesson and took precautions the remainder of the trip. The landscape was impressive, with moutain ranges on both sides of the freeway. The following day took us to Wyoming where we stopped at Rock Springs. Then we reached Utah and after passing Salt Lake City we were about to cross the desert. We had to make sure we did not run out of gas. It was a long and hard drive: a straight highway of more than a hundred miles awaited us. I was wondering if this road would ever end. We finally reached the small town of Battle Mountain in Nevada. What a relief!! The next day we passed Reno and started to see signs for San Francisco. Finally we arrived in California and knew we would reach our destination in less than twenty four hours. We were very happy to see the Bay Bridge and felt rewarded for our efforts. Crossing the entire United States had been a wonderful experience on the whole. I wish people were as lucky as we were to enjoy and admire this great country. We entered San Francisco through the Bay Bridge and admired the Bay and its surroundings. We headed towards the restaurant at 320 Mason Street for our first meeting with the owner. It was not easy to drive through the city with a trailer, the city streets go up and down and are very steep and give you a sort of vertigo. We were relieved to finally arrive at the restaurant. After meeting my new employer and the staff, including the chef and his team, I was pleased to see again my Dutch friend Harry. My new employer put us up in his house for two weeks while we were looking for a place to live, not too far from the city. We quickly found an apartment in South City, south of San Francisco. The apartment was in a quiet neighborhood and had a swimming pool as the weather can get pretty hot (Photo 92).

*[Photo 92 Andrée and Robert John in the
swimming pool in South City, 1968]*

We lived in this apartment for four years. These four years of hard work and savings allowed us to purchase a three-bedroom house, with a mortgage, in the hills of the town of San Bruno at 321 Alcott Road. Our house was very close to the football stadium where the 49ers played, they were our favorite team and we were passionate about American football so we bought two season tickets at mid field (Photos 93 and 94). We could also see the planes take off and land from San Francisco International Airport from the windows of our house. In 1970, after five years in the United States I obtained my American citizenship which we celebrated with Champagne, of course. The three of us have dual citizenship. We decided to become Americans to thank this country for its warm reception and for what the Americans did to help liberate France. My position in the restaurant La Bourgogne was very important. I was the manager of the dining room, I welcomed the customers, described the specialties on the menu and I attended to the service in the dining room. I had to supervise the waiters at their stations. After observing the way the establishment ran I made a few modifications in the service. I also gave a lot of importance to the carving and the presentation on the plate (Photo 95). The staff was international: there were six French, three Germans, two Swiss, two Dutch, one of whom was my friend Harry, and one non-European, a Chinese man who tended the bar (Photo 96).

[Photo 93 Our house in San Bruno]

[Photo 94 The 49ers fans in San Francisco, California]

*[Photo 95 Robert, the maître d'hôtel at La
Bourgogne restaurant, San Francisco, 1975]*

[Photo 96 The brigade of La Bourgogne in San Francisco, 1975]

The cuisine was of excellent quality and the kitchen team was French except for the pastry chef who was Swiss. The staff was at the measure of the five star reputation of the restaurant. La Bourgogne had one hundred and ten seats and we served two hundred people each day all year round. There were many conventions and the customers were very high society and elegant. We served many celebrities, including the owner of the Barnum Circus whom I had served on the France. I also took care of the owner of the Moët et Chandon Champagne house, who invited me to come and visit the cellars in Champagne. Therefore, accompanied with Andrée and our son Robert, we went to France for a three week vacation to visit our families and the Champagne cellars. We had a superb dinner with Champagne at Le Petit Trianon, the restaurant of Moët et Chandon. We were received by the right hand man of the owner who gave us a tour of the cellars. We stayed at the Hôtel d'Epernay for a few days in order to visit other Champagne cellars, such as Taittinger. After a good dose of Champagne we returned to our families in Normandy. Back in the States, I returned to work. Andrée was a "stay at home" mom to perfect our son's education. She drove him to school every morning in her little Ford Pinto. He was prohibited to speak English at home: he spoke French at home and English outside the home so that he would learn both languages equally well. This worked very well as, today he speaks both languages perfectly as well as Spanish. As Robert was about to turn eight and as he was getting good grades at school we decided to give him a dog for his birthday. So we went to a dog show in South City where every breed of dog was represented. We really liked the collie: it had a nearly human look in his eyes, but these dogs shed a lot which makes it difficult to keep the house clean. So our choice went to a black standard poodle. On a Sunday, our day off, we went to Oakland, across the San Fransisco Bay to a purebred poodle breeder. There were nine puppies jumping for joy around us. They were only nine weeks old and were adorable. The mother of the puppies was present, she was beautiful and her name was Glory Svengali. The father's name was Elegant Mambo and he had won three awards in various dog shows. They were both registered with the Kennel Club of New York. Robert chose his puppy and once the formalities completed, we took the road back home. Andrée and Robert were seated in the back looking for a name for the puppy but nothing seemed quite satisfactory. As I was driving I started singing Edith Piaf's song: "Milord", both Andrée and our son liked the name so the puppy was christened "Milord of Normandy" on the road to San Francisco on September 23, 1973. The following days Robert and Milord were inseparable. Every day, when Robert came back from school, Milord jumped on him (Photo 97). Andrée decided to take a course in Burlingame to learn how to trim and groom dogs; she studied for two years and obtained her diploma on November 20, 1975. Milord was brushed, trimmed and groomed on a regular basis. He brought much joy to the entire family. My job and responsibilties were continually increasing and so was my salary. The children of my first marriage came to visit us during their vacation and we were always pleased to see them. On weekends we went to visit San Francisco, its Bay and the surroundings areas. We also ventured south to visit the San Diego Zoo, then on to Hollywood to tour the cinema studios. We were enchanted with California (Photo 98).

[Photo 97 Minou and his dog, Milord, 1979]

San Francisco is a very cosmopolitan city from many points of view. The restaurants serve food from all over the world and it is of very good quality. I had always thought that one day I would like to open a restaurant of my own. I had been working at La Bourgogne for eight years and one Sunday we went to visit the small town of Carmel, about one hundred and sixty miles south of San Francisco. We liked Carmel right away, it was very reminiscent of the Côte d'Azur, it had seven thousand inhabitants and many tourists in the summer season, from May to October. We decided to move to Carmel as the prospects in the restaurant trade were very promising.

*[Photo 98 A marvelous picture of my children
and grand children at the house of my daughter
Sophie and her husband Pierre Rodriguez]*

After selling our house in San Bruno we purchased a "condo" which overlooked the Carmel Valley across a lake (Photo 99). It was a charming place five minutes from downtown. We opened a restaurant which we called La Marmite. The interior was fresh and inviting and could accommodate forty five customers. The kitchen was fairly small and Andrée was the Chef. Despite her extensive culinary knowledge and skills, she was rather anxious on opening day. I assisted her as best I could with the lunch and dinner preparations and I assumed the management of the restaurant (Photo 100). Our restaurant was located on San Carlos, next to Ocean Avenue, the main street of Carmel. We remained in Carmel for more than six years. The town became very lively during the tourist season. There was no use taking the car to get the mail at the post office- there was no mailman-, it would have taken two hours to cover four blocks!! The white sand beaches and the wonderful scenery attracted crowds of tourists and we had to be ready to serve them. Close to Carmel was the exclusive community of Pebble Beach; it had a world renowned golf course overlooking the Pacific Ocean. Every year many celebrities gathered for its famous golf tournaments. The Pebble Beach Hotel was very chic and imposing. It had two restaurants, a coffee shop and an excellent five star restaurant: Club 19. After the golf tournaments we used to go to dinner at the club (Photo 101). On weekends we often took our dog for a walk close to the golf course which was a meeting place for many dogs.

[Photo 99 The beautiful condo in Carmel]

[Photo 100 The superb chef Andrée and me in the
dining room of La Marmite in Carmel, 1979]

[Photo 101 With our good friends, the Lamothes, in Pebble Beach]

Our son went to school in Carmel Valley at All Saints School with the children of celebrities and the the children of shop and hotel owners as the city was dedicated to tourism. Chef Andrée "composed" many specialties in her kitchen and her talent had no equal from the main courses to the desserts. She exceeded all expectations and her hard work earned her a three star rating in the Mobil Travel Guide. In the winter the restaurant trade was calm, except on certain occasions, such as the classical music concerts. At the time there were one hundred and seventy five restaurants between Carmel and Monterey, therefore there was not enough local population to make the business profitable. The profits of the tourist season had to balance out the losses of the off-season. We took advantage of the off-season to visit Santa Barbara, two hundred miles south of Carmel. We went on the recommendation of one of our customers who owned a beautiful property in Pebble Beach and a motel on the beach in Santa Barbara. He agreed to meet us in Goleta, a small town seven miles north of Santa Barbara, and to take us around the town to show us possible locations for a restaurant. He took us to lunch and introduced us to a real estate agent. At that time there were no real high quality restaurants in Santa Barbara, therefore there was a niche to fill. The town had more inhabitants than Carmel and the buildings seemed better suited for a restaurant business. After much reflection Andrée and I decided to move to Santa Barbara in 1982. We rented our condo in Carmel for a year in order to settle in Santa Barbara and organize our finances. Meanwhile a real estate agent in Carmel and a good customer of ours, bought our restaurant. We rented a house on Foxen Drive and started looking for work. There is never a shortage of work for someone in the restaurant business. I applied for a job in a very chic Hotel Restaurant overlooking the city: El Encanto. I met the chef who introduced and recommended me to the owner who was looking for a manager for the restaurant. He reviewed my references and after a very short interview offered me the job on the spot. The chef and I gave the best of our skills and knowledge to this restaurant. We received very good reviews from the food critics and magazines. The restaurant was full every day (Photo 103).

[Photo 103 The owner of El Encanto, the chef and me]

After finishing school, our son Robert, was interested in becoming a cook. I mentioned it to the chef of El Encanto, who incorporated him in the kitchen team. Robert was very talented and fitted in immediately. My dining room staff was very professional and we served many personalities and celebrities every day (Photo 104). Meanwhile I kept looking for a possible site to open our own restaurant. After two years at El Encanto, we found a location in a nice area of town at 1325 State Street, the main street of Santa Barbara, very close to the Arlington Theater. The dinning room could sit eighty customers. After decorating the space and organizing the kitchen, we had to find a name which would indicate that the restaurant was a family business. After much searching we decided on the name of Maison Robert. The chefs were Andrée, our son Robert and two other French cooks. I took care of the dining room and the customers. The ambiance had the charm of the Bourgogne and beautiful 19th century posters hung on the walls (Photo 105). Our clientèle was very chic and usually high society.

[Photo 104 The celebrities at El Encanto: Jacqueline Bisset,
Robert Mitchum and Robert Stack, under my care]

[Photo 105 The restaurant Maison Robert at 1325 State
Street, next to the Arlington Theater, Santa Barbara]

[Photo 106 Vintage 19th century posters at Maison Robert]

*[Photo 107 Mr. Louis Jourdan at Maison Robert,
with Andrée, our son Robert and me]*

[Photo 108 Signed photo of the great artist Charles Aznavour]

[Photo 109 Signed photo of the "Calypso" of the Cousteau Society]

We received many celebrities at Maison Robert, one of them was Mr. Louis Jourdan, we invited him after he played in "Gigi" at the Arlington Theater (Photo 107). We had more than fifty autographed photos on the walls. Mr. Charles Aznavour gave a very successful concert at the theater and came to dinner afterwards with ten of his friends. I already had the opportunity to take care of this great French singer at the Maxim's in Chicago in 1965 and it was a great pleasure to serve him again (Photo 108). We also had the visit of Jean Michel Cousteau and the crew members of the Calypso (Photo 109). The great American artist Mr. Victor Borges also came to dine at our restaurant. I have always loved the restaurant business and the interaction with the customers. Andrée and I personally trained the entire staff of the kitchen and dining room. Generally, I hired college students from the University of Santa Barbara or City College with very little or no experience. I wanted to pass on to them the knowledge of my trade. I taught them how to serve and address the clients and I obtained very good results. In nine years I trained two hundred and eighty six students. I never fired anybody, each left eventually after graduating or they moved away. I kept receiving Christmas cards from these former employees for many years. Sometimes their parents would come to town and they would try other restaurants. When they returned to work a few days later they would report on the qualities and defects of our competitors. The people whom I trained at Maison Robert would get good jobs in the future and they will expect to be treated in restaurants the same way we treated the customers at Maison Robert. Eating well is an art, that is what I learned and what I continue to believe and value to this day. I never received any complaints about the food we served, except from one nice, non-French lady. She had ordered a bottle of Montrachet from the wine list and the wine was of exceptional quality. She found that the wine was too acidic for her taste. I recommended that she take the bottle out of the ice bucket as this wine was supposed to be enjoyed slightly cool but not cold. "No" she replied, "I do not like it!" She ordered instead a carafe of the house wine. I took the bottle to the cellar, poured it in a carafe and presented it to her, she liked it much better! She probably wanted to impress her dinner companion who looked quite embarrassed. Another rather funny anecdote: an American couple came to dinner; he had participated in the landing in Normandy. After dinner, he asked me where I came from, I told him I was from Normandy, to which he said that he liked France but not Normandy: he had been asked to pay for water while he was there during the war. I explained that the population did not have any resources to provide for our families. I also told him of our adventure while driving through Nebraska and the woman who warded us off with a shotgun as we wanted to ask her for some water. We both agreed that it was better to have to pay for water than to be shot! I offered them a glass of champagne with their desert, not for the conversation, but to thank him for his courage and help in liberating us during the war. Andrée and our son Robert were very talented chefs (Photo 110).

Andrée's pastries had no equal in the area and Robert created sauces with much flair and knowledge worthy of the French gastronomy. He liked to try new ideas for the menu. He researched thoroughly the ingredients of the sauces and was very patient. His knowledge and mastery won him the honor to be nominated "Maître Rôtisseur et Traiteur" on February 19, 1990. His induction took place at a ceremony organized by Maison Robert for the Chaîne des Rôtisseurs, of which I am also a member (Photo 111). Our restaurant obtained three stars in the Mobil Travel Guide. Moreover, we received very good reviews from the restaurant critics and were awarded the "Silver Spoon Award" in 1987 from the Gourmet Diners of America (Photo 112).

[Photo 110 Andrée and our son Robert: the chefs at Maison Robert, Santa Barbara, 1985-1992]

[Photo 111 The chef Robert John and his father, both members of the Chaîne des Rôtisseurs, 1990]

[Photo 112 The Siver Spoon Award from the Gourmet Diners of America, 1987]

The city of Santa Barbara is unique in its own way for its climate and peacefulness. We have many diverse attractions.

There is the picnic of the Chefs and also a celebration of Bastille Day with a parade of French vintage cars escorted by beautiful standard poodles. The Eiffel Tower is present every year as well!! Andrée and I participated in these festivities and we were accompanied by a magnificent French poodle (Photos 113 and 114). There were many other days of celebrations: the Mexican Fiesta, the Italian Day, the Greek Sunday and many other events take place. There is also a Film Festival at the Arlington Theater. Many people would love to be able to live in this marvelous area: we live truly in a little paradise. The restaurant business is a very difficult trade, you need to love it, have plenty of courage and patience and be willing to work long hours. I have always liked this business and dealing with customers. The long hours did not bother me, but alas, it is necessary to know when to retire. It will be impossible to forget all the wonderful people and customers I have met in this trade and that I had the pleasure to serve for over fifty years. In 1990 we went through an economic recession and the construction of the freeway in Santa Barbara hurt many businesses in town. Our customers from Santa Barbara, Montecito and Hope Ranch found it difficult to come to town with all the construction and detours. Also numerous fires destroyed over three hundred homes. And to top it all there was a long drought. The hotels had to charge their clients for using water. The two years which followed were very hard for us. We had fewer customers and the revenues were very low. Andrée and Robert gave the best of themselves with hard work and determination. I take great pride in their accomplishments and I admire them greatly. After fifteen years as restaurant owners, and after living thirty-six years in France and thirty-six years in the United States, I decided to retire and write my biography. In the meantime I play golf at our association with American and French friends (Photo 115). At some point in life, it is time to retire and enjoy life. We live on a pretty property north of Santa Barbara and our condo overlooks a golf course and has a view of the mountains and Los Padres National Forest (Photo 116). We eat our meals on the balcony, even in the winter. The weather is great eleven months out of the year. We have all we need close by. The association of our condo allows us the use of a club house, access to a library, a swimming pool and there is a koi fish pond on the property. Sometimes, in the winter, we can see snow on the mountain tops, but it is too far away to affect us.

[Photo 113 Bastille Day celebration 1998, with Andrée on the left]

*[Photo 114 Robert with a beautiful white
poodle in Oak Park for Bastille Day]*

*[Photo 115 Robert, retired and playing golf at the
Association Encina Royale, Goleta, California]*

[Photo 116 The wonderful view from our balcony in Goleta]

150

Andrée is a few years my junior and she has chosen to keep working in her specialty: putting her knowledge of French cuisine and talents at the service of some Montecito families. She has always shown great respect for her employers and they have always expressed their support and gratitude. Our son, Robert John, has always been a talented cook. After working at Maison Robert, he chose a different trade and went to school in Los Angeles to get a degree in automotive body work, repair and maintenance. He received several diplomas from that school and is now the manager of a body shop. He is passionate about his work and has rebuilt his red Porsche, which he decorated to celebrate the World Cup victory of the French team (Photo 117). Robert has always been very kind and generous with his parents. He bought us a brand new car for our wedding anniversary. To thank him, we bought a personalized license plate which reads:"We Love Minou" (Photo 118). Our families from France visit us often. Andrée, Robert and I visit France as well to see my children, grandchildren and good friends. We went to visit my mother in 2003 who is getting close to celebrating her hundredth birthday (Photo 119). She is under the excellent care of my sister Jacqueline. As to my father, who did so much for his family, he passed away on July 23, 1990 at the age of ninety-one.

To finish my story, I want to thank our parents and grandparents and our beautiful France, which I will love forever. I continue to be grateful to the United States of America for their generosity and hospitality and for the sacrifice of so many of its young men in order to liberate France and Europe. Without this extraordinary nation the world would not be what it is today. My family is very proud to be citizens of both France and the United States, two countries who share a long and beautiful common history.

Robert Rémy Boudesseul

Photo 117 Robert John and his Porsche, very happy of the French victory at the World Cup of Soccer in 1998]

[Photo 118 The license plate of our car:"We Love Minou" and Robert John and his wonderful wife, Veronica]

[Photo 119 Our mother, with her daughter Jacqueline and her son Robert, 2003]

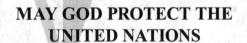

MAY GOD PROTECT THE
UNITED NATIONS

This book is dedicated to my spouse, Andrée, who passed away on November 16, 2008.

In Loving memory.

Normandie de 1928

Californie à 2000

Robert Rémy Boudesseul

Trafford rev. 05/22/2013

 www.trafford.com

Amérique du Nord & international
sans frais: 1 888 232 4444 (États-Unis et Canada)
téléphone: 250 383 6864 ♦ télécopieur: 812 355 4082

Préface

Je ne vais pas vous raconter des histoires mais seulement une histoire vraie, quelque fois difficile mais toujours bien vécue.

L'idée d'écrire sa biographie pour en faire un livre vient de soi même bien sûr, il est difficile de parler d'un sujet sans le connaître ou sans l'avoir vécu. Depuis soixante douze ans, j'apprécie les cultures diverses.

Il faut voyager pour mieux connaître les belles choses de notre vie, respecter les idées et les couleurs de notre planète.

J'ai passé trente six ans en France, participé aux événements de la seconde guerre mondiale, partagé les émotions de notre libération en Normandie le 6 Juin 1944, et fait mon service militaire en Algérie et en Allemagne.

Mes quinze années passées à la Compagnie Générale Transatlantique sur sept paquebots différents à bord desquels nous avons vu et servi des célébrités internationales, des Présidents et Chefs de gouvernement, sans oublier les nombreuses escales que faisait chaque paquebot.

Une randonnée de trente six ans aux États-Unis d'Amérique traversés de part en part, du Nord au Sud et d'Est en Ouest, en voiture et terminant ce merveilleux

voyage en Californie en passant par San Francisco, Carmel et Santa Barbara, devenant l'heureux propriétaire d'un restaurant français dans les deux dernières villes dont je garderais un souvenir inoubliable pour le reste de ma vie.

Robert Rémy Boudesseul

A VOTRE SANTÉ

Je suis né en Normandie le 1er Août 1928 dans un petit village du département de l'Eure, La Chapelle-Bayvel. Mes parents étaient des fermiers plutôt pauvres, avec cinq enfants en bas âge. Mes parents se sont rencontrés dans le département de l'Eure. Mon père Robert François Boudesseul était un orphelin de Villerville-sur-Mer, dans le Calvados et ma mère était la fille de fermiers de Fort Moville dans l'Eure (Photo 1).

Après ma naissance, j'ai eu des difficultés à survivre. Mon père a dû me bercer devant la cheminée pendant deux jours de suite, car ma santé était plutôt faible. Je pleurais sans arrêt. Un soir mon père s'est endormi avec son bébé sur les genoux et lorsqu'il s'est réveillé il a constaté que je dormais. Pour un instant il a pensé que j'avais perdu la vie, mais à son grand bonheur, j'étais bien vivant.

La vie n'était pas facile car l'exploitation d'une ferme était aléatoire. Il était bien difficile en période de pénurie de nourrir le bétail qui mourrait souvent de maladie car il n'y avait pas de vaccinations et les soins vétérinaires étaient au dessus de nos moyens.

Mes parents, en 1928, se trouvaient sans argent (Photo 2). Un jour, mon père s'est rendu, comme tous les matins, à la mare pour aller chercher de l'eau.

En se baissant il a aperçu une page de journal pliée en quatre. Il a ouvert la feuille et a trouvé deux billets de cinquante francs. La personne qui a déposé ce cadeau savait que mon père trouverait cette belle donation afin d'aider une famille nombreuse sans ressources.

Mon père ne savait pas s'il devait porter cet argent à

la gendarmerie ou garder les deux billets afin d'aider sa famille. Après réflexion il a décidé de garder l'argent pour nourrir ses enfants. Cent francs, à cette époque, était une somme importante (Photo 3).

Un geste vraiment admirable qui a facilité notre existence. Cela prouve qu'il existe en tous temps des gens pleins de bonté et de discrétion.

[Photo 1 La Chapelle-Bayvel, 1928]

[Photo 2 La ferme, 1930]

[Photo 3 Ma famille, 1934]

Tous les mardis mes parents allaient au marché pour se ravitailler en grains et farines pour la ferme, dans une graineterie à Beuzeville, au 19 Rue Auguste Gérard.

Ces visites hebdomadaires ont amené mes parents à penser qu'ils seraient très heureux d'avoir un métier de ce genre. Ils parlèrent de leur souhait au propriétaire qui quelques temps plus tard a proposé de leur vendre son commerce, par paiements mensuels, ma famille n'ayant pas les moyens de payer comptant.

Après l'accord de vente nous nous sommes mis au travail.

Ma mère ensachait les sacs de grains et farines et encaissait l'argent des ventes. Les travaux les plus durs revenaient à mon père: il portait les sacs de cent kilos de l'arrière boutique au magasin, puis il les livrait sur une charrette à bras dans le parc où il les chargeait sur les voitures à chevaux des clients. Les enfants travaillaient également à la graineterie. Après l'école nous devions nous rendre utiles en faisant des travaux multiples: ouvrir la gueule des sacs pour aider à les remplir, nettoyer et entretenir le magasin, sans oublier l'importante mission de sortir notre chienne, Linka, une belle cocker noire et le grand amour de mon père (Photo 4 et 5).

Le marché du mardi à Beuzeville était très animé par la visite des cultivateurs qui présentaient leurs produits laitiers ainsi que les légumes de leurs champs, sans oublier les poissonniers de Honfleur qui apportaient un assortiment de poissons, coquillages et crustacés aux couleurs chatoyantes sur des lits d'algues encore dégoulinants d'eau de mer.

Après avoir fini de payer leurs dettes, mes parents ont décidé d'acheter l'immeuble entier sous les mêmes conditions. Ils ont travaillé très dur et après quelques années de commerce ils eurent la possibilité d'acheter un camion d'occasion, ce qui facilitait grandement les livraisons (Photo 6). Le camion était aussi utilisé pour aller passer nos dimanches à la plage l'été à Deauville Trouville. Mon père disposait des sacs de son à l'arrière du camion qui nous servaient de sièges et rendaient le voyage plus confortable. Mon père gardait un œil sur tous les enfants, car il n'aimait pas le désordre et nous devions rester sagement assis. (Photo 7). Quelque fois nous allions à la pêche mais la plupart de nos dimanches étaient passés chez notre grand-mère Eugénie dans sa petite ferme à Fort Moville (Photo 8). Elle nous mitonnait de bons repas dans l'âtre de la cheminée, ils étaient traditionnels et préparés avec les savoureux ingrédients de sa ferme. Elle préparait souvent un civet de lièvre à sang et le repas se terminait avec une bonne tarte à la rhubarbe. Les menus de notre grand-mère étaient toujours variés. J'aimais rester coucher chez ma grand-mère car le matin, au petit déjeuner, elle me donnait du chocolat au lait chaud et des tartines grillées au beurre frais nappées de confiture de groseille de son jardin. Nous avions une adorable grand-mère. Les deux petits-fils, Pierre et Robert, faisaient des tours de vélo dans la cour de la ferme (Photo 9).

Les dimanches après midi en été, il nous arrivait de partir en groupe avec le prêtre du village, en randonnées dans les bois des alentours, et de jouer aux boys scouts.

L'abbé en charge nous donnait des cours de sûreté et nous parlait de l'entente cordiale des familles, ces excursions étaient très divertissantes et surtout instructives.

Tous les samedis soir, je prenais des cours de solfège, car je voulais jouer de la trompette. Le studio de mon professeur se trouvait derrière la mairie de Beuzeville. J'ai pris des cours pendant six mois, ils me plaisaient beaucoup, mais la situation financière de mes parents était trop précaire pour me permettre de continuer. En automne, mon père, qui aimait chasser, partait les dimanches matin de bonne heure accompagné de notre voisin le coiffeur. Après une journée de chasse, ils revenaient avec une demi-douzaine de lièvres chacun. Je revois encore le gibier aligné sur le sol de la cuisine.

[Photo 4 La graineterie de Beuzeville (Eure),
1935 et à droite mes parents]

[Photo 5 Jacqueline, notre jeune sœur, en habit de Mardi Gras en compagnie de nos parents, 1945]

[Photo 6 Robert à l'arrière du camion]

[Photo 7 Sur la plage de Deauville avec mon père]

[Photo 8 La maison de ma grand-mère en compagnie
de mon père et sa belle sœur, 1937]

[Photo 9 J'avais huit ans et je suis à droite, 1937]

Les dimanches après midi, mon père officiait comme arbitre de l'équipe de football du village: l'Étoile. Ses deux fils, Robert et Pierre en faisaient partie. Mon poste préféré était celui d'ailier droit, car j'aimais aller à l'attaque des buts de l'équipe adverse, le B.A.C. (Beuzeville Athlétique Club) et souvent je marquais des buts. Le directeur du club de l'Étoile était l'abbé Leguen, il était très actif, il jouait avec nous sur le terrain et il arrêtait la balle avec sa soutane en écartant les jambes, c'était très amusant à voir, car à

cette époque les prêtres ne portaient pas de pantalon, c'était la tradition. Mon frère aîné, Pierre, était plutôt intéressé par le bricolage. Il nettoyait ses outils dans son atelier et la mécanique l'intéressait beaucoup. Nous vivions une belle et bonne époque. Cependant il fallait aussi faire notre devoir d'enfants de chœur tous les dimanches matin. Ce n'était pas toujours drôle, surtout pour les gamins qui auraient préféré jouer au football. Lorsque nous jouions sur la place de l'église ils nous

arrivaient parfois de casser les carreaux des commerçants des alentours, ce qui nous valait de très sévères punitions de la part de notre père. Mes plus beaux souvenirs d'enfance restent les fêtes de fin d'année et les merveilleux Noëls à la normande. Je revois encore ma petite sœur Jacqueline, en robe bleu clair, chantant des cantiques de Noël pendant la messe de minuit. Ma mère quittait l'église avant nous pour aller préparer un diner copieux à la maison. Les coquilles Saint Jacques gratinées et la dinde farcie aux marrons, et pour finir une bûche de Noël qu'elle avait préparée la veille. C'était le réveillon traditionnel d'une belle et heureuse famille. Tous les ans, la neige était au rendez-vous bien sûr, et un bonhomme de neige, œuvre des enfants du village, apparaissait parfois sur la place de l'église. Un vieux chapeau sur la tête et un balai sous le bras humanisaient notre statue de neige. Nous recevions des cadeaux, c'était toujours des cadeaux utiles, destinés à être utilisés à l'école. Rien n'était perdu, les chaussures et vêtements passaient de l'un à l'autre. Un vélo a été mon premier vrai cadeau de Noël, j'avais sept ans.

Au Nouvel An nous recevions la visite de nos oncles et tantes de la région. Ils nous apportaient nos étrennes qui consistaient d'un billet de cinq francs qui allait directement dans nos tirelires, des petites boites en forme de malle, et de sucre d'orge. Nos parents nous ont très bien élevés et éduqués, cinq enfants, trois filles et deux garçons, nous devions être polis et écouter nos parents. En 1937 notre famille a eu la chance de pouvoir visiter l'extraordinaire Exposition Internationale de Paris qui,

malgré notre jeune âge, nous a beaucoup impressionnés.
Au cours de la même année nos parents ont décidé de
nous faire entrer, mon frère Pierre qui avait douze ans et
moi qui avait neuf ans, au collège de Mesnières-en-Braye,
qui faisait partie de l'institution Saint Joseph, à environ
cinq kilomètres de Neufchâtel-en-Braye (Photo 10). Ce
collège pouvait accueillir cinq cents élèves environ, nous
portions tous un uniforme bleu marin (Photo 11). Cette
institution était très stricte mais l'instruction que nous
avons reçue a été très utile au futur.

[Photo 10 Le collège de Mesnières-en-Braye]

*[Photo 11 Les deux collégiens en uniforme, avec
notre mère et notre sœur Jacqueline, 1937]*

Nos professeurs nous donnaient de très bons et formels cours, aussi bien en histoire, géographie, arithmétique et sciences naturelles, qu'en sport et gymnastique. Les dimanches, les pensionnaires partaient en promenade dans les environs. Par exemple, une fois nous sommes allés, à pied, à Neufchâtel-en-Braye, situé à cinq kilomètres, pour voir un film de Walt Disney, "Blanche Neige et les Sept Nains". Le retour a été fort difficile et après cette randonnée et le souper, notre lit était le bienvenu. Nos dortoirs comprenaient une vingtaine de lits sur deux rangées avec un surveillant à chaque coin du dortoir. Nous devions dormir sur le côté droit en silence. Tous les trois mois notre famille venait nous rendre visite. C'était une joie pour nous deux mais le plus difficile était de se quitter. Il y avait des larmes de notre côté ainsi que chez notre mère. Une fois notre famille repartie, la routine du collège redevenait normale. Nous attendions avec impatience les grandes vacances d'été pour pouvoir rentrer chez nous. Quel plaisir pour les deux garçons que nous étions! En 1937, la Normandie a vu l'arrivée des nationalistes espagnols antifranquistes, les Républicains. Nous avons accueilli quatre de ces refugiés. Ils travaillaient au magasin afin de se nourrir et de survivre leur exile. En ce qui nous concernait notre futur ne s'annonçait pas beaucoup mieux. En 1940 la France a déclaré la guerre à l'Allemagne avec une armée régulière de cinq cents chars dont deux cents étaient en panne. Le Colonel de Gaulle avait vainement essayé de promouvoir l'armée blindée, mais ses avis n'avaient pas été écoutés. A cette époque la France n'était

16

pas prête pour le combat. Triste décision de faire la guerre à nos voisins. Les deux fils Boudesseul ont dû rentrer au bercail et à partir de ce moment adieux les études.

Le jour de la déclaration de la guerre, le 1er Septembre 1940, nos amis espagnols étaient déconcertés. Ils étaient à genoux sur les marches de l'église et pleuraient les mains tendues vers le ciel. C'était triste à voir. L'exode avait déjà commencé et d'innombrables civils venaient du Nord de la France. Certains arrivaient en automobile, d'autres en voiture à cheval. Mais la majorité des gens fatigués et affamés, marchaient à pied et poussaient des voitures d'enfants chargées de paquets et de valises. Quelle tristesse de voir cette population, qui par milliers arrivait avec des enfants de tous âges, sans oublier les pauvres vieux qui pouvaient à peine marcher. Les hommes valides avaient déjà été mobilisés et certains avaient déjà été faits prisonniers dans les combats du Nord de la France et avaient été envoyés dans des camps de prisonniers de guerre en Allemagne. Ce fut le cas de mon père (Photo 12).

*[Photo 12 Mon père en militaire au centre,
avant d'être prisonnier en Allemagne]*

J'ai vu les premiers occupants arriver dans notre petite ville. Ils étaient montés sur des chariots à chevaux et ils paraissaient plus amicaux qu'agressifs. Les premiers soldats allemands que nous avons vus faisaient partie de l'armée régulière, la Wehrmacht.

Le jour de l'arrivée des premiers occupants, je nous revois encore, trois enfants d'une douzaine d'années environ, deux voisins et moi, au coin de la rue près de l'église. Les chariots allemands venaient de la route de Pont-Audemer. Un des soldats est descendu de son attelage et est venu vers nous. Il avait une grenade à manche dans une de ses bottes, de quoi nous faire peur. Il nous a caressé les cheveux en nous a dit quelques mots en allemand que nous n'avons pas compris, bien sûr, et ce fut tout. Les Allemands ont établi leur quartier général

dans une maison qui servait de restaurant, près de la Mairie du village: c'était la Kommandantur. Le reste des soldats devaient se loger chez l'habitant. Notre immeuble avait quatre chambres. L'occupant a réquisitionné une chambre pour quatre militaires dont un jeune homme de dix-huit ans au nom de Thomas. Les trois autres militaires avaient la cinquantaine. Ils étaient tous courtois et d'une politesse remarquable, lorsqu'ils montaient les escaliers, ils retiraient leurs bottes et ne laissaient rien traîner derrière eux. Quelques jours après leur arrivée, ils ont commencé à parler avec ma mère, mon père étant absent. Robert François Boudesseul avait été mobilisé dès Septembre 1940 ainsi que son camion pour transporter des munitions vers le front. Après une bataille éclaire, mon père a été fait prisonnier et perdit son camion. Le gouvernement de Vichy avait négocié un armistice avec l'occupant pour renvoyer dans leur foyer, les pères de famille nombreuse (trois enfants et plus) afin qu'ils puissent travailler pour nourrir leurs familles.

Notre chef de famille est donc rentré à la maison après trois mois d'absence et a eu la grande surprise de trouver l'occupant chez lui. Après quelques jours de repos, mon père a fait la connaissance des quatre militaires allemands. Thomas, le plus jeune, était un ancien étudiant et les autres étaient des petits commerçants dans leur pays. L'un d'eux était photographe, un autre était un artiste en dessin. Il remit à mon père un joli tableau dessiné au fusain, en s'excusant des circonstances de l'occupation (Photo13).

19

*[Photo 13 Tableau au fusain dessiné par
un occupant de notre maison.]*

Après un certain temps nos nouveaux locataires se sont
rendus compte que nous étions des gens simples comme
eux. Ils ne comprenaient pas ce qu'ils faisaient en France.
Ils disaient à ma mère: "Pourquoi sommes-nous chez vous?
Vous êtes des gens sympathiques." L'un des soldats a pris
son calot, l'a jeté par terre et l'a trépigné. Ils étaient furieux
avec le régime Nazi et beaucoup de militaires appelés à
combattre n'étaient pas partisans de cette guerre. Après
quelque mois de présence à Beuzeville, les Allemands de
l'armée régulière ont été transférés sur le front de Russie.
L'Allemand photographe désirait faire une photo souvenir
de toute notre famille, mais malheureusement il lui fallait
un "flash". En guise de celui-ci, il versa la poudre d'une
cartouche de son fusil dans une sous tasse, puis il y mit

le feu et grâce à ce flash improvisé, il réussit à prendre sa photo. Enfin l'heure du départ était fixée et notre mère voyant le petit Tomas pleurer, alla le consoler et l'aider à préparer ses affaires sans oublier de lui faire quelques sandwiches malgré les restrictions, car une mère est toujours une mère dans n'importe quel pays au monde. Le cœur d'une mère parle même vis-ă-vis d'un étranger, même un occupant. Nous n'avons jamais eu de nouvelles d'aucun de nos quatre soldats, même après la fin de la guerre, ce qui nous a beaucoup attristé car nous avons appris à quel point l'armée régulière allemande avait été décimée sur le front de Russie. Le gouvernement de Berlin trouvait que l'armée régulière allemande n'était pas assez dure pour contrer la Résistance en Normandie. Les maquisards, les F.F.I. (Forces Françaises de l'Intérieur) étaient de plus en plus nombreux. L'armée régulière fut remplacée par les troupes de la S.S. et à partir de ce moment la situation a été différente. Nous avions beaucoup de difficultés avec la Kommandantur. Les hommes valides devaient monter la garde la nuit sur les routes afin de protéger les lignes téléphoniques de l'occupant, souvent sabotées par les F.F.I.

Jusqu'à l'arrivée des Allemands en Normandie, il y avait eu des troupes régulières anglaises. Lors de leur départ précipité, ils ont abandonné leurs résidences. Les enfants de l'école en les fouillant ont trouvé des classeurs remplis de papiers et de feuilles blanches avec un filigrane représentant la couronne d'Angleterre avec le sceau de la Royauté.

Cela a été rapporté à la Kommandantur par les enfants des collaborateurs. Après quelques jours d'enquête, les gendarmes de la police allemande sont venus voir mes parents. Ce jour-là, mon père était absent: il était parti livrer des produits du magasin avec la charrette à bras. Ma mère était seule du côté du magasin qui donnait sur la rue de la gare. Elle lavait du linge au baquet et à la brosse quand elle a vu arriver les deux gendarmes allemands, l'air aggressif, avec une plaque métallique autour du cou. Elle était terrifiée. Les Feldwebbels ont demandé où était notre père, puis ils ont pris ma mère par le bras et l'ont emmené à l'intérieur de la maison. Ils ont commencé à fouiller les placards, les tiroirs, à cogner et à sonder les murs des chambres. Ils ont déchiré les papiers peints des murs croyant trouver des faux placards et des caches d'armes. Heureusement il n'y avait ni faux placards ni caches d'armes, car tout la population de Beuzeville avait déposé ses armes à la gendarmerie française par ordre de l'occupant à leur arrivée en 1940. Dès le retour de mon père, après ses livraisons, il se rendit à la Kommandantur pour répondre à la convocation. Lors de la fouille, la gendarmerie allemande avait découvert, parmi les papiers et les livres d'école dans la chambre des garçons Boudesseul, les feuilles blanches et les classeurs que nous avions "récupérés" dans les résidences abandonnées par les Anglais. Le Commandant allemand a exigé de mon père soit de payer une amende de mille francs soit de faire dix jours de prison à la Forteresse d'Evreux. Mes parents ne pouvaient pas payer les mille francs d'amende avec une

famille de cinq enfants à nourrir. Mon père a donc décidé de faire les dix jours de prison. A son retour de la Forteresse d'Evreux, il a réalisé que ses dix jours de prison avaient été très risqués car chaque matin, il y avait des exécutions d'otages. Les prisonniers choisis étaient des résistants que les Allemands appelaient des terroristes. De retour à la maison notre père était en garde à vue par la Gestapo. Il a dû aussi se rendre à la Gestapo pour retirer son bulletin de libération. Le Commandant de la Kommandantur l'a accompagné jusqu'à la maison en lui passant le bras sur l'épaule ce qui était très humiliant pour notre père. Un jour nous avons reçu la visite d'un inspecteur de police du gouvernement de Vichy. Il voulait savoir s'il y avait un moyen d'obtenir des produits laitiers des fermes des environs ou de la viande de l'abattoir clandestin. La viande et les produits laitiers étaient rationnés et nous avions des cartes d'alimentation qui ne permettaient d'acheter qu'une faible proportion des aliments nécessaires pour nourrir une famille nombreuse. Il continua à venir nous rendre visite et quelques mois plus tard, mon père a commencé à être méfiant. La dernière visite de ce traître a fait peur à toute la famille car il nous a fait voir une photo en noir et blanc de vingt centimètres sur quinze qui représentait deux hommes couchés, torses nus, sur un lit cage sans matelas, la poitrine criblée de balles. Il nous a dit que c'étaient des terroristes et ce fut un choc pour les enfants de voir des cadavres sur une photo. Nous n'avions jamais vu une telle chose. Cet inspecteur en civil était un danger car il pensait que mon père faisait partie d'un certain réseau du maquis.

La Résistance était au courant des activités de cet individu. Était-il vraiment un inspecteur ou un trafiquant? Ou peut-être un agent double? Nous n'avons jamais su la vérité. La seule chose que nous savons à son sujet, c'est qu'après la guerre, il est resté dans la police du Havre. Malgré ses connaissances et son ancienneté, il n'est jamais monté en grade à cause de son passé douteux. Car étant prisonnier de guerre en 1940 il a été libéré par les Allemands à la demande du gouvernement de Vichy, il n'avait que deux enfants et seuls les pères de trois enfants et plus avaient ce privilège. Chaque soir, au couvre feu de dix heures, tout le monde devait rentrer chez soi. Bien sûr, il fallait masquer les fenêtres afin que la lumière ne soit pas visible de l'extérieur. Chaque fenêtre était couverte d'une feuille de papier bleu pour ne pas signaler les zones habitées à l'aviation alliée. Beuzeville est situé à quinze kilomètres de la côte, très visible par les avions alliés. Un soir, après diner, mon frère Pierre et moi sommes allés nous coucher au deuxième étage. Par erreur, nous avons oublié de fermer les fenêtres avant d'allumer la lumière. Bien entendu la lumière, vue de l'extérieur, a attiré l'attention d'une patrouille allemande. Ils se sont précipités sur la porte du magasin et ils ont frappé à coup de crosse de fusil en hurlant. Mon père a ouvert la porte aux soldats allemands qui se sont précipités à l'intérieur en expliquant qu'il y avait de la lumière au deuxième étage, aussitôt nous avons été appelés à la cuisine et pour cet oubli, la patrouille allemande a exigé une amende de cent francs. Pierre et moi nous sommes disputés pour savoir qui avait allumé la

lumière. Un des soldats allemands, impatient, s'est mis à hurler et a exigé le paiement immédiat: il pointa son fusil sur mon estomac, je tremblais de peur et j'ai dû retirer cent francs de ma tirelire, ce qui a sérieusement entamé mes pauvres économies. Au début de 1942, les Allemands ont commencé à perdre des territoires occupés en Afrique du Nord et sur le front de l'Est en Russie. La Résistance était de plus en plus active et nombreuse. Nous écoutions chaque jour les nouvelles d'Angleterre: "Ici Londres, les Français parlent aux Français." Charles de Gaulle et les Français de Londres envoyaient des messages vers la France occupée. Mon frère, qui avait seize ans, était un petit génie, il avait fabriqué un petit poste à galène avec des écouteurs, dans l'atelier à l'arrière boutique de la graineterie de nos parents. (Photo 14). Pour pouvoir alimenter en électricité son installation de radio, mon frère jetait des fils fins et dénudés sur les fils électriques à l'extérieur depuis le premier étage. Ainsi il avait l'énergie nécessaire pour bricoler. Pierre avait trouvé, dans les douves d'un vieux château près de Beuzeville, un vieux moteur Bernard abandonné et rouillé. Le propriétaire lui donna la permission de prendre sa trouvaille, il a dû le transporter dans une charrette à bras. Avec son talent de bricoleur, il l'a rénové et voulait le mettre en marche…Pas d'essence!! Il trouva la solution: il alla tirer de l'essence des réservoirs des camions militaires allemands garés sur la Place du Marché. Ces camions étaient gardés par une patrouille. Une fois il a dû rester la nuit entière, couché sous un camion, pour ne pas se faire voir. Il a eu très peur

car il pouvait voir la patrouille passer tout prêt de lui. S'il avait été découvert, il aurait été fusillé sur le champ! Une autre idée pour se procurer de l'essence était de chercher les conteneurs que les avions alliés larguaient dans les campagnes.

Au mois de Juin 1942, j'ai eu la surprise, un matin en allant pomper de l'eau au bord du trottoir, d'apercevoir un bombardier B-17 descendre au ras du clocher de l'église du village (Dessin 15). J'ai vu que son moteur gauche était en feu. C'était un avion de l'armée américaine, avec des étoiles blanches sur les ailes. Je suis vite rentré chez moi, laissant tomber mon seau d'eau pour annoncer la nouvelle à mon père. Le lendemain nous avons appris que l'avion avait atterri sur le ventre à cinq kilomètres approximativement au sud du village. Les Allemands voulaient arrêter l'équipage mais ils sont arrivés trop tard: il avait déjà été récupéré par la Résistance. L'avion était en feu, il était difficile pour les Allemands de pouvoir l'atteindre car les routes et les chemins étaient petits et tortueux. Ce n'était pas la première fois que les pilotes d'avions de chasse ou de bombardiers ont été sauvés par la Résistance.

[Photo 14 Mon frère Pierre, le génie, à seize ans, 1942]

*[Dessin 15 Le bombardier B-17 en feu au
dessus du village de Beuzeville]*

A cette époque nous avons subi beaucoup de bombardements dans le village et aux alentours. La ville du Havre est à vingt kilomètres à vol d'oiseau de Beuzeville, et il y avait une très importante base de sous marins allemands dans cette région. Cette situation rendait la vie difficile.

Les écoles étant fermées, mon frère et moi ainsi que le reste des enfants, devions trouver du travail. Nous ne recevions pas de salaire: nous étions nourris en échange de notre labeur afin de survivre. Mon frère travaillait comme mécanicien et moi j'étais commis boucher. Il

fallait travailler car c'était notre seule ressource. A cette époque les études étaient suspendues et pour moi pour longtemps. J'ai commencé mon apprentissage de boucher le 21 Mars 1942, j'avais treize ans et demi. Cela a été très dur. La journée commençait à cinq heures du matin à l'abattoir, et se terminait au magasin vers neuf heures du soir. A l'abattoir, qui était à côté de la gendarmerie, je devais laver les tripes à l'eau froide, même en hiver. J'avais des engelures aux mains, le corps glacé et les pieds gelés dans mes bottes en caoutchouc. Dans les métiers de mécanicien et de boucher, les deux fils Boudesseul étaient de repos le lundi. Ces jours-là, nous allions avec notre père nettoyer et sarcler le jardin afin de faire pousser quelques légumes pour notre consommation. Le jardin était au bord de la route, à cinq cents mètres environ du magasin. Nous y étions depuis un moment lorsque nous avons entendu un bruit de camions sur la route qui longeait le jardin. De plus près nous avons reconnu les camions de l'armée allemande. Soudain, dans le ciel, nous avons aperçu deux avions de chasse de l'Air Force américaine, nous n'y avons pas porté grande importance car c'était coutumier, mais les avions avaient repéré le convoi et aussitôt ils descendirent en rase-mottes et ont attaqué. Les tirs de mitrailleuses des avions alliés ainsi que les explosions provenant du convoi étaient si aveuglants et bruyants que nous avons plongé la tête la première parmi les légumes et les plants de tabac. A cette époque le tabac était cultivé clandestinement car il était rationné et coûtait très cher (Dessin 16).

Notre père nous a appelés pour être sûr que rien ne nous

soit arrivé. Après ce fracas on a retiré, parmi les sillons du jardin, des balles grosses de deux centimètres et d'une longueur de dix centimètres environ. Notre citerne d'eau, qui était notre réserve pour l'arrosage du jardin, était criblée de balles...de quoi perdre le souffle. Nous étions livides. On a pu constater les dégâts du convoi allemand le jour suivant car les patrouilles allemandes les ont évalués le jour même. Mon frère, le bricoleur, ne perdant aucune occasion, est allé récupérer l'outillage calciné autour des camions. Il l'a réparé et nettoyé pour s'en servir dans son atelier.

[Dessin 16 Le mitraillage par deux avions de chasse au dessus de nos têtes dans notre jardin, 1942]

En 1943, je travaillais dans une boucherie à Berville-sur-Mer, juste à côté de l'embouchure de la Seine. L'abattoir était à trois cents mètres de l'eau et on voyait la ville du Havre de l'autre côté de l'estuaire. Pour nous mettre à l'abri en cas de bombardement nous avions creusé une tranchée à côté de l'abattoir. Nous l'avons souvent utilisée. Un jour nous avons aperçu deux avions à double fuselage: des Lightnings P-38 américains. Ils remontaient la Seine et visaient sûrement la base sous marine allemande du

Havre. Nous étions trois jeunes commis boucher, plutôt peureux et nous regardions les avions descendre en pique. Ils volaient à basse altitude au-dessus de nos têtes et nous les avons vu larguer deux bombes chacun juste au-dessus de nous. Nous avions l'impression que tout était fini! A notre grande surprise les bombes ont changé de direction et se sont dirigées vers leur cible: la base sous marine du Havre. Quelle chance et quel soulagement! Certaines nuits, nous avons eu d'autres frayeurs. Des fusées V-2 allemandes passaient au-dessus de nous, en direction de la Manche et des côtes anglaises. Le bruit infernal des tuyères nous faisait très peur. Nous nous sommes levés de nos lits pour voir leur trajectoire. Le plus terrifiant était de ne plus les entendre car c'était le signal qu'elles allaient tomber et exploser. On peut imaginer ce qu'a ressenti le peuple héroïque de la ville de Londres car ces V-2 tombaient n'importe où. Au cours de cette même période les Allemands perdaient la face sur le front de Russie et les Alliés ont débarqué en Sicile le 10 Juillet et en Italie le 9 Septembre. La situation des Allemands en Normandie en

1943 est devenue presque impossible. Le gouvernement de Vichy déclara le service du travail obligatoire pour les hommes d'âge requis pour le service militaire. Beaucoup pour échapper à cette obligation, sont entrés dans le maquis en 1943. Les bombardements en Allemagne étaient constants et dangereux, il valait mieux être au service en France. A la boucherie, le vendredi et le samedi étaient des jours de livraison, j'allais livrer les commandes des clients en vélo dans les différentes fermes. Je longeais la forêt lorsque j'aperçus un homme d'une cinquantaine d'années, très anxieux, qui marchait rapidement sur le côté de la route et qui allait dans la même direction que moi. Il portait un tablier de cuisine bleu et des sabots de femmes.

Son tricot à manches longues et à bande verte me rappelait la tenue des soldats allemands. Il devait avoir de mauvaises idées en tête. J'ai continué ma route très vite car cet homme me paraissait plutôt nerveux. J'ai pédalé de toutes mes forces, effrayé qu'il n'essaye de prendre mon vélo et peut-être me faire un mauvais coup. Je l'ai dépassé rapidement, à vrai dire, je pédalais comme un fou survolté par la panique. Quelques kilomètres plus loin, les mitraillages ont éclaté aux alentours. J'ai cru un instant que c'était pour moi, mais je me suis aperçu qu'ils étaient dirigés vers la côte, près de la Seine. Les explosions étaient si bruyantes que j'ai fait une embardée dans le fossé et mon chargement de commandes de viande est parti de tous les côtés (Dessin 17). Après avoir récupéré au mieux mes commandes, j'ai repris la route. Je tremblais comme une feuille, à ne pas pouvoir me contrôler. Après tout, je n'étais

qu'un gosse de quatorze ans! J'ai pris la route vers la rivière
Saint Sauveur, sans savoir où j'allais car je ne voulais pas
revenir sur mon chemin, de peur de rencontrer à nouveau
le personnage que j'avais dépassé. Il faisait déjà nuit et je
n'avais pas de lumière sur mon vélo, car cela était interdit.
Peu de temps après j'ai aperçu une grande demeure. J'ai
frappé à la porte, les habitants ont ouvert après s'être
renseigné de mon identité, je tremblais, désemparé et sale.
Ils m'ont posé des questions, je pouvais à peine parler.
Voyant mon état mes hôtes ont téléphoné à la boucherie
pour expliquer ma triste histoire. Ma patronne était très
inquiète de mon retard après tout ce temps. Elle a demandé
au propriétaire de me garder pour la nuit. De toute façon,
je ne pouvais plus marcher car j'étais épuisé. Les habitants
de cette belle maison ont sorti un lit cage qu'ils ont installé
dans l'entrée. De bonne heure, le lendemain matin, une
dame m'a offert quelques tartines de pain et du lait chaud.
J'ai fait une toilette rapide et je suis allé récupérer mon
vélo qui était dans un triste état. Les commandes de viande
étaient pleines de terre, de feuilles et d'herbe. Certaines
d'entre elles s'étaient égarées dans ma chute. Après avoir
remercié ces braves gens, j'ai repris la route de Berville,
angoissé, ne sachant pas ce qui m'attendait à mon retour à
la boucherie. Ma patronne m'accueillit gentiment et était
contente que rien ne me soit arrivé.

*[Dessin 17 La tragédie du commis boucher
Robert sur la route de Berville, 1943]*

Quelques jours après cette dure expérience, j'ai appris que la Résistance avait attaqué un convoi de camions allemands transportant des sacs de farine sur la route de Pont-Audemer à la montée de la côte en direction de Saint Maclou. Ces sacs de farine ont été distribués par la suite à la population par les maquisards. Les conducteurs ont été faits prisonniers. La Résistance avait un camp dans la forêt où étaient détenus les prisonniers. Dans ce camp les Allemands devaient faire des corvées. L'homme que j'avais vu sur la route était un prisonnier qui tentait de s'évader en tenue de corvée de cuisine.

Le dimanche après midi, le 6 Août 1944, deux mois après le débarquement des Alliés sur la côte normande, je devais rentrer à Beuzeville en vélo après avoir nettoyé l'établi et rangé le nécessaire de la boucherie. Cette partie de la Basse Normandie n'avait pas encore été libérée et était toujours occupée par les troupes allemandes. A quelques kilomètres de Beuzeville, un cultivateur en voiture à cheval m'a dit de m'arrêter et de ne pas aller au village. J'ai dû rebrousser chemin sur Berville pour me mettre à l'abri.

A Beuzeville les Allemands avaient arrêté tous les hommes du village et les avaient rassemblés, les bras en l'air, sur la Place de l'Église. Mon père faisait partie du groupe d'hommes arrêtés. Mon frère, quant à lui, était monté sur le toit de la graineterie pour se cacher. Malheureusement if fut repéré et a dû rejoindre le reste des otages sur la place. Les femmes et les enfants ont dû rentrer chez eux et s'enfermer. Un civil en imperméable beige, chapeau noir baissé sur le visage et portant des lunettes foncées, indiquait à la Gestapo les hommes qui faisaient partie de la Résistance. Ce traître s'approchait et scrutait les visages pour identifier les résistants. Un silence de mort régnait, les visages des otages étaient figés. Il y avait plusieurs groupes de résistants qui n'avaient pas de liens entre eux, c'était à qui aurait la chance d'échapper à la Gestapo. Les maquisards une fois dénoncés étaient poussés brutalement hors des rangs à coup de crosse de fusil. Le dernier sorti des rangs a reconnu le traître et lui a craché à la figure, le traître a réagi en lui assenant plusieurs coups de crosse de revolver au visage. Cinq hommes:

35

Pierre Feutelais, Roger Montier, Albert Pichon, Fernand Ringeval et Julien Vauquelin ont été arrêtés, attachés comme des bêtes sauvages et hissés dans un camion. Après avoir été interrogés et martyrisés pendant plusieurs jours, ils ont été fusillés le 15 Août 1944. Il y a une plaque commémorative derrière l'église de Beuzeville (Photos 18 et 19) en témoignage de leur extraordinaire courage et pour la défense de leur patrie. Au cours de cette dénonciation le traître n'a pas reconnu d'autres maquisards, plus d'une trentaine, qu'il ne connaissait pas car ils faisaient partie de différents groupes de résistants. Quelle chance pour mon père ! Car après avoir fait son deuxième tour le dénonciateur a donné l'ordre de laisser partir le reste des otages. Seul le Commandant Robert Leblanc connaissait l'identité de tous les maquisards. Le traître avait seulement vingt ans et plus tard il fut abattu par un gendarme patriote qui l'a reconnu au moment où il tentait de fuir. Cette rafle a été faite en représailles après la fusillade d'une famille de collaborateurs sur la route d' Épaigne au sud du village.

*[Photo 18 La Place de l'Église de Beuzeville
où ont été arrêtés les résistants, 1944]*

*[Photo 19 La plaque commémorative des
cinq héros de la Résistance]*

Mon père ne pouvait pas faire parti des maquisards car il avait eu trop de conflits avec une famille de collaborateurs. J'étais, moi aussi, toujours en bagarre avec leurs deux fils. Un jour je me suis battu avec l'aîné et il a reçu un coup de bâton sur le visage. Il avait la figure en sang et je suis parti en courant vers notre maison. Croyant mes parents absents, je suis allé me cacher chez un voisin. Le père de l'enfant m'a trouvé sous la table du charcutier. Cette charcuterie était en face de la graineterie de mes parents. Le père m'a pris par le bras et m'a trainé sur la Place de l'Église. Mon père, averti de la situation, est venu à mon secours. Les deux pères se sont insultés, prêts à se battre. Enfin rentré à la maison je me suis fait réprimander sévèrement par mon père. Une jeune fille du village exhibait en public une liste de quatre vingt noms d'habitants du village, dont le nôtre, qu'elle voulait remettre à la Gestapo. Le café restaurant de ses parents était fréquenté par des militaires nazis et des collaborateurs. Il était impossible d'y entrer de toute façon, car les propriétaires n'acceptaient que les clients qui partageaient leurs idées. Leurs voisins d'en face ont perdu la vie à bord d'une Citroën 15 CV, au cours d'une embuscade de la Résistance. Ces deux familles vivaient de trafic et marché noir. La fille du cafetier n'avait que vingt ans, elle était toujours habillée en noir et blanc avec des bottes noires. De bonne taille et assez forte, elle faisait trop de zèle auprès des Allemands. Cela lui a coûté la vie ainsi qu'à ses parents: l'exécution par les maquisards a eu lieu en pleine nuit dans leur domicile près de la Place du Marché. Heureusement, car elle voulait remettre la liste des quatre-vingts noms qu'elle possédait à la Gestapo. La

Resistance a récupéré cette liste juste à temps. Après cet incident nous étions tous sur nos gardes pour longtemps, car deux mois après le débarquement nous étions toujours occupés par les Allemands.

On doit reconnaître que les maquisards ont fait du bon et magnifique travail pour la population du village. Malheureusement, cela a coûté la vie à beaucoup d'entre eux. On parle souvent des héros en uniforme pour lesquels j'ai une grande admiration et un grand respect, mais nos maquisards en loques et mal chaussés ne doivent pas être oubliés pour leur extraordinaire coup de main pour assurer notre libération. En un mot ce furent les héros du silence. Le soir, après la tombée de la nuit, les Allemands sortaient une grosse "Bertha", dissimulée sous le tunnel de Quetville. Ils tiraient sur la côte et on pouvait voir la trace des obus la nuit de nos fenêtres. Le bruit d'enfer de cette artillerie secouait portes et fenêtres et cassait souvent les carreaux de notre magasin. Le jour de la libération de Beuzeville, le 25 Août 1944, a commencé à se faire sentir, l'artillerie se croisait au-dessus du village et les fusillades aux alentours étaient plus bruyantes et dangereuses que jamais y compris les allées et venues de l'Air Force de nos Alliés car les Allemands n'avaient plus la suprématie de l'air. On entendait des mitraillages et des explosions sur les ponts des alentours afin de couper les communications et les renforts allemands. Avant le débarquement des Alliés, nous avions creusé près de la maison une tranchée en forme de "T" de deux mètres de profondeur et couverte de troncs d'arbres et de terre afin de protéger notre famille.

Nous avons passé un total de huit jours en trois séjours dans cette tranchée car chaque fois que l'artillerie se faisait entendre au dessus du village, nous courions très vite dans notre terrier.

Finalement à la fin de notre dernier séjour dans cette tranchée, les mitraillages et les bombardements étaient enfin silencieux. Notre père est sorti de son trou prudemment regardant aux alentours et il nous a dit: "Tout me paraît calme, je suis fatigué et je vais aller dans ma chambre et si je meurs, je vais mourir dans mon lit." Je n'oublierai jamais cette réflexion de mon père. Nous étions tous très fatigués aussi toute la famille l'a suivi, je suis monté au deuxième étage dans le noir et je me suis couché, tout habillé, avec mon frère. Le matin je me suis réveillé aux environs de dix heures, heureux d'être en vie, j'étais seul dans la chambre, toute la famille était déjà levée. J'ai entendu des exclamations et des bruits de moteur, j'ai sauté de mon lit et j'ai regardé par la fenêtre. Quelle heureuse surprise!! Nous étions enfin libérés par nos amis anglais et canadiens et par les commandos français des bérets verts du Commandant Kieffer et bien sûr par les maquisards de la Résistance qui après tant de courage et de patience et s'être cachés pendant quatre ans dans les forêts et les fermes des environs étaient soulagés. Leur labeur a été dur, dangereux et héroïque. Le Général Eisenhower a comparé la Résistance française à une division de l'armée américaine. Je suis descendu dans la rue et j'ai vu les militaires alliés et les habitants du village heureux, souriants et s'exclamant de joie. Des soldats allemands prisonniers marchaient, les

mains derrière la tête, les civils leur bottaient le cul pour se venger, mais les soldats anglais, en charge des prisonniers, repoussaient les civils en leur demandant de s'arrêter et de s'en aller. Cela a été pour moi et ma famille une journée de soulagement extraordinaire. Enfin libérés et par bonheur nous n'avons perdu aucun membre de notre famille, il y a eu quelques obus au bout de notre rue, mais il n'y a pas eu de victimes. La ville de Paris a été libérée le même jour, le 25 Août 1944, par l'armée du Général Leclerc avec sa division blindée de la 2ème DB, accompagnée de la Résistance française de Paris suivie et protégée par l'armée américaine, commandée par le grand Général Patton. Enfin libérés, mon frère et moi sommes allés voir l'emplacement des combats de la veille dans la campagne très proche de notre village. Nous avons été surpris de voir combien de soldats étaient morts, ils gisaient sur le sol sous des couvertures, leurs fusils à travers leurs sacs à dos par terre à côté d'eux. Ces soldats appartenaient aux bérets verts du Commandant Kieffer. C'était très émouvant de voir un spectacle si triste à notre âge, je me suis tourné et jeté dans les bras de mon frère en tremblant d'émotion. Il y avait aussi des tas d'armes près des maisons du village, nous n'étions pas autorisés à les toucher car c'était dangereux et nous étions trop jeunes. Pour la première fois j'ai fait la connaissance d'un soldat canadien, il parlait avec des cultivateurs normands, ils avaient le même accent et les mêmes expressions. Je lui ai demandé s'il était Français, "Non" me dit-il, "je suis du Canada" et il m'a indiqué du doigt son épaule avec l'insigne du Canada. Il était plaisant

de l'entendre s'exprimer en vieux normand de chez nous. Nos frères canadiens sont également nos héros, après leur débarquement sur la ville de Dieppe en 1942, avec beaucoup de courage et de souffrance ils ont réussi à entrer dans la ville avec leurs unités. Nous devons être fiers de nos bons amis.

Il y avait beaucoup de volontaires chez les civils afin d'aider à nettoyer la région, mon père était en charge de transporter les cadavres des soldats allemands sur un plateau à cheval et de les déposer dans une fosse commune. Mon frère était pompier et allait même dans la ville voisine de Pont-Audemer sous le feu des bombardements. Il était très courageux et a failli y laisser sa vie, il a dû rester couché sous un camion de pompiers une demie journée. Quant à moi, j'étais trop jeune pour de telles responsabilités. Les derniers soldats allemands fuyaient en direction de la Seine à cheval et en bicyclette, leurs uniformes étaient sales et déchirés: enfin une défaite bien méritée. Les jours suivants ces événements, la route du village servait aux unités de transports américains afin de porter des ravitaillements sur le front et les convois de camions roulaient jour et nuit. Ainsi nous avons fait la connaissance de nos premiers amis américains, de tout jeunes conducteurs de camions GMC, sympathiques et souriants, mâchant du chewing gum et fumant, ils étaient très généreux, ils nous offraient des chocolats et bien sûr du chewing gum, leurs casques un peu de travers leur donnaient un charme d'outre-mer. Il est très difficile, même aujourd'hui, d'oublier le sacrifice de toute cette jeunesse américaine, anglaise, canadienne, et française,

qui a tant donné de vies et versée leur sang sur les plages de Normandie. Il faut avoir vécu cette incroyable épopée pour comprendre le sacrifice de ses hommes. Il m'arrive souvent de recommander à beaucoup de personnes d'aller en Normandie, l'emplacement du tournage du film: "Le Jour le Plus Long" (Photo 20), et de visiter Sainte Mère l'Eglise et les musées, en particulier celui d'Arromanches créé en 1954 par le Comité du Débarquement. Sur la plage, la vue du Port Winston, en face du musée, est très impressionnante. Il est très triste et émouvant de visiter les cimetières américains, anglais, canadiens et français des alentours.

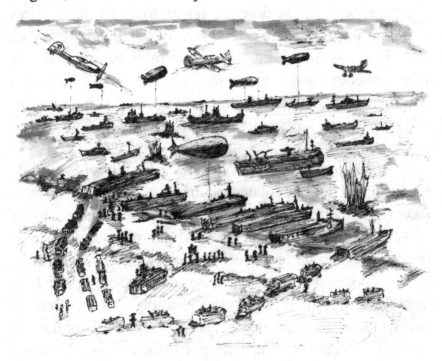

[Dessin 20 Le Débarquement des Alliés
le 6 Juin 1944 en Normandie]

Au cours de nos vacances en France, mon épouse Andrée, notre fils Robert et moi, avons visité les cimetières où ces héros reposent, la vue de toutes ces croix blanches nous a arrachée des larmes de tristesse et de respect en leur mémoire. Un grand merci à toute cette génération extraordinaire.Encore Merci.

Enfin la paix. J'ai repris mon métier de boucher à Neuilly-sur-Seine en 1945 (Photo 21), afin d'apprendre la finesse du découpage et la présentation des viandes. Une expérience extraordinaire pour mon travail futur dans la restauration. Je suis resté trois ans dans cette boucherie, à cette époque, étant données les restrictions, les salaires n'étaient pas très élevés. Je vivais à Levallois Perret juste à côté de l'appartement de mes parrains Rémy et Renée Eude, un couple adorable (Photo 22). Les dimanches soirs, comme ils savaient que j'étais seul et pas très bien nourri, ils envoyaient leurs fils, Raymond, me chercher pour diner.

Je travaillais dans une boucherie à Neuilly où la viande n'existait pas dans l'assiette du commis. J'avais souvent droit aux topinambours pochés dans un certain jus. Les temps étaient encore difficiles malgré la fin de la guerre. Je me souviens ouvrir des boîtes de "corn beef" de deux kilos environ et entre les deux boîtes il n'y avait pas assez de viande pour satisfaire la clientèle. Je louais une petite chambre à bon marché et parfois je sortais avec mon cousin Raymond. Il connaissait les bonnes sorties du dimanche, nous allions danser au bal de Mimi Pinson sur les Champs Elysées, mais pas très souvent bien sûr. Après la fermeture, il n'y avait plus de moyens de

transport, alors il nous fallait rentrer à pied à Levallois, une marche assez longue et fatigante. Nous faisions aussi du vélo l'après midi au Bois de Boulogne, j'aimais beaucoup mon cousin Raymond Eude, il était très agréable et se montrait toujours très attentionné. Nous avons eu l'occasion également de participer à la cérémonie au Mont-Valérien, dite Mémoire de France, et d'avoir la chance d'y voir un grand président: Charles de Gaulle, c'était le 6 Novembre 1945 (Photo 23). Je devais aller à pied à mon travail chaque jour à cinq heures du matin, c'était un métier dur mais je l'aimais beaucoup, c'était moins pénible que le travail à la boucherie de Normandie. Après trois ans passés à Neuilly et à l'âge de vingt ans j'ai dû me présenter à la Mairie de Saint Sulpice pour le conseil de révision. A ce conseil un gendarme m'a demandé quelle arme je choisissais, je lui ai répondu: la Marine Nationale, étant du Havre, la Marine Nationale me paressait plus intéressante. Trois mois plus tard, j'ai reçu ma convocation pour entrer dans l'armée: le premier Régiment de Tirailleurs Algériens à Blida en Algérie (Vive la différence!). Mon frère Pierre avait été mobilisé deux ans auparavant dans l'escadrille de Normandie Niémen à Rabat Salé au Maroc (Photo 24). Le jour de ma mobilisation et de ma convocation au Fort de Vincennes, je ne savais pas où aller!! Nous étions quelques centaines dans ce fort, les parents acompagnaient leurs enfants, certains pleuraient. Leurs mères leur disaient:"Ne pleure pas, regarde ce jeune homme, il ne pleure pas"...elles parlaient de moi. J'étais trop loin des miens pour me plaindre, mais une semaine avant de me présenter à Vincennes, j'étais allé voir mes parents au Havre pour leur dire au revoir, mon père

45

m'a accompagné à la gare du Havre avec un petit pincement au cœur car nous avions de très bons et généreux parents. Mes parents avaient vendu leur graineterie à Beuzeville et acheté une brasserie au Havre quelques années auparavant. Après trois bonnes heures passées sur la place du Fort de Vincennes, des camions sont arrivés pour nous emmener à la gare: direction Marseille et de là au Camp Sainte Marthe. Nous avons couché pendant deux jours sur des planches en biais avec une seule couverture et même si nous étions encore habillés en civil, la vie militaire avait commencé. Bien que la nourriture de Neuilly ne fût pas des meilleures, celle du Camp Sainte Marthe était immangeable. Des asticots et des mouches flottaient à la surface des marmites. Que peut-on penser du service militaire?

Mon départ en mer sur le navire Sidi Mabrouk de Marseille à Alger a été très pénible. J'ai eu le mal de mer pendant tout le voyage car j'étais à jeun (Photo 25). A notre arrivée à Alger nous avons reçu nos uniformes (Photo 26), puis nous avons embarqué sur des camions et nous nous sommes retrouvés sur la plage de Sidi Férus, une petite baie à l'ouest d'Alger. En 1830 les premiers Français y débarquèrent pour conquérir l'Algérie, un monument en leur mémoire a été érigé sur la plage (Photo 27). Nous couchions sous des tentes dites "guitounes", nous étions huit par tente, les nuits étaient glacées, il fallait mettre une toile cirée sur nos lits pour nous protéger de l'humidité. Après un séjour de huit jours nous sommes partis pour Blida, une grande caserne au bord du Sahara.

[Photo 21 Robert, le commis boucher devant
le magasin de Neuilly, 1945]

[Photo 22 Mes parrains Eude et mon cousin
Raymond à Bénodet en Bretagne]

[Photo 23 Le Président Charles de Gaulle]

[Photo 24 Mon frère, Pierre Boudesseul, dans l'escadrille
Normandie Niémen à Rabat Salé au Maroc, 1948]

[Photo 25 L'embarquement de Robert à Marseille
pour son service militaire en Algérie, 1948]

[Photo 26 Robert Boudesseul en uniforme du 1er
Régiment de Tirailleurs Algériens à Alger, 1948]

[Photo 27 Monument de Zaralda. Robert est en haut à droite]

La discipline était de rigueur dans cette caserne. Nous marchions dans le désert des journées entières, nous montions et descendions des dunes, c'était vraiment de dures manœuvres. Nous avons appris à conduire des camions GMC et des Jeeps sur le plateau à l'ouest de la

ville de Blida, au bas de la station de Chréa à 1500 mètres d'altitude. Il y avait dans cette région un site: "les Gorges du Ruisseau des Singes". C'était très impressionnant, la falaise de lauriers blancs et roses dominait le torrent. L'Algérie est vraiment un beau pays. J'ai obtenu mon permis de conduire reconnu aussi dans la vie civile après mon service. La vie de caserne est une expérience!! A la fin de notre journée les soirées étaient monotones, quant à la nourriture, elle était meilleure que celle du Camp Sainte Marthe mais le vin était imbuvable: il y avait une couche blanche à la surface qui devait être du bromure afin de nous calmer. Il valait mieux boire l'eau fraîche de la caserne.

L'Algérie a aussi son charme. Mais nous n'avions pas souvent l'occasion de sortir étant donné notre maigre solde: dix francs par mois ainsi qu'un paquet de cigarettes et quelques timbres. Nous ne sommes allés à Alger qu'une seule fois, en train, qui était gratuit pour les militaires.

Le dimanche où nous sommes allés à Alger, nous avons fait la connaissance, à la terrasse d'un café restaurant, d'un groupe de légionnaires qui voulaient nous accompagner à la Casbah. Ils voulaient nous protéger car nous étions très jeunes. Les légionnaires étaient vraiment sympathiques. Il y avait un centre médical pour désinfecter les militaires avant d'entrer à la Casbah car il y avait de la prostitution (non merci pour moi, j'étais trop délicat pour ce genre d'expérience). De là j'ai repris le train pour Blida. La seule possibilité de sortir en bonne compagnie était d'aller au Bal gratuit des Tirailleurs à Blida. Nous restions debout en ligne et regardions les gens danser. Après

quelques moments j'ai commencé à chercher compagnie et j'ai aperçu une charmante jeune fille assise à une table entre ses parents. J'ai essayé d'oublier ma timidité. J'ai salué poliment ses parents, et j'ai demandé à son père la permission de danser avec sa fille. Avant de me répondre, il m'a regardé de haut en bas, il aurait certainement préféré voir un officier plutôt qu'un soldat de première classe. Nous étions très bien habillés: un uniforme de couleur kaki, un calot bleu ciel avec une fente jaune, l'écusson des tirailleurs en forme d'une main de Fatma sur les épaules faisait de l'effet. Par la suite j'ai appris qu'il était colonel en retraite et un colon. Après réflexion il m'accorda de danser avec sa fille. Après quelques danses il m'invita à leur table pour m'offrir un verre de vin. Il avait l'air sérieux et m'a posé des questions: de quelle région de France je venais, etc. Il était très sympathique mais avait beaucoup de retenue. Sa fille était vraiment ravissante, cela faisait du bien après plusieurs mois de solitude affective. A la fin de la soirée j'ai demandé un rendez-vous à la jeune fille pour le dimanche suivant, ce qu'elle m'a accordé. Le lendemain, au rendez-vous, j'ai eu la surprise de voir arriver sa mère. Elle m'a dit bonjour gentiment et m'a dit que sa fille était une jeune fille de dix-sept ans, très sérieuse, et bien entendu, les relations devaient être de même. Elle a proposé de venir me chercher à la caserne le dimanche suivant pour aller diner chez eux. Le dimanche suivant, ils m'attendaient, comme convenu, devant la porte de la caserne dans une belle Bugatti rouge décapotable. Le père de la jeune fille conduisait, ma compagne et moi étaient

confortablement installés à l'arrière. Nous avons pris la
route en direction de leur propriété en passant le long de
leurs cinq cents hectares de vignes et d'orangers.   Le
Colonel en retraite s'arrêtait de temps en temps pour saluer
ses ouvriers. C'était une famille de colons très aisée, j'ai
été accueilli chaleureusement et offert un très bon repas à
la française. Leur maison était un palace, où ai-je mis les
pieds, pensais-je (Photo 28). La jeune fille, Susy, après
le repas, voulait me faire voir son pigeonnier afin que
nous puissions être seuls, malheureusement son père nous
suivait partout. Par la suite, à chacun des nos rendez-vous,
je me suis rendu compte qu'il allait être impossible d'avoir
un baiser en solo.   Après quelque temps, le Colonel m'a
proposé de devenir policier en Algérie après mon service
militaire.

Il avait des connaissances dans l'administration, mais
ce n'était pas du tout le genre de travail que j'aurais aimé
faire plus tard. Quoique je respecte les agents de ce métier
difficile.

[Photo 28 La belle maison de mes hôtes à Oued-El-Alleug, 1948]

[Photo 29 Les ruines de Coblence en Allemagne]

En 1949, après quatre mois dans cette caserne, les officiers supérieurs nous ont rassemblés pour nous demander s'il y avait des volontaires pour aller en Allemagne d'occupation. Me voyant pris au piège dans cette petite relation amoureuse j'ai accepté d'être "volontaire", car je n'avais que vingt ans et je n'avais franchement pas envie de fréquenter "sérieusement". A notre dernier rendez-vous, j'ai annoncé ma mutation à ma petite amie. Elle était très triste et moi j'étais un peu embarrassé. J'ai dit à ses parents que c'était une bonne décision au cas où je voudrais poursuivre une carrière dans l'armée, le Colonel m'a encouragé, mais pour moi ce n'était qu'une excuse pour partir. La mère et sa fille ont

préparé ma valise et après quelques jours sur le bateau entre Alger et Marseille, j'ai eu la surprise de trouver des billets de banque et des petits mots d'amour dans chaque coin de ma valise, une famille adorable et une séparation bien triste. Nous sommes restés en contact mais nous étions tous les deux trop jeunes pour le marriage. Par la suite j'ai ralenti mes relations, la mère de Susy était furieuse. Elle a écrit une lettre à mes parents qui, bien sûr, m'ont fait des remontrances. Le temps que j'ai passé en Algérie a été une très bonne expérience, les gens que j'ai connus étaient sympathiques, le climat est merveilleux, sauf pour les manœuvres dans les dunes et la nourriture…c'était la vie en caserne. Avant de partir pour l'Allemagne nous avons changé d'uniforme, un habillement de voyage militaire. J'ai pris le bateau à Alger avec quelques remords. Nous avons pris le train de Marseille à Strasbourg et ensuite le train vers Coblence en Allemagne. Nous avons traversé les villes de Mayence et de Coblence, nous étions au début du mois de Février 1949 et il faisait très froid. Il était pénible de voir les immeubles et les maisons complètements détruits et sous la neige. On pouvait apercevoir des femmes et des enfants ainsi que des vieillards sortir des sous sols, c'était tellement triste car ces gens n'avaient rien à voir avec le dernier conflit (Photo 29). Mon transfert en Allemagne a été une très bonne expérience, après avoir été occupé pendant quatre ans, c'était mon tour d'être l'occupant… mais pas pour très longtemps. Dès notre premier jour dans la ville de Coblence, nous avons été rassemblés dans un hangar à moitié démoli. Il y avait des volontaires

d'Afrique et de régiments de différents corps d'armée. Après quelques heures d'attente nous avons eu la visite d'officiers de la zone d'occupation française. Un jeune lieutenant, de bonne présentation, s'est avancé vers moi et m'a demandé d'où je venais: "Je viens du Havre", lui répondis-je, surpris il m'a dit qu'il était aussi du Havre, sa deuxième question concernait mon métier, quand je lui ai dit que j'étais boucher, il m'a dit: "Parfait, je vous prends dans ma compagnie."

J'ai donc été versé dans le 5ème Régiment de Paris, pour travailler dans les cuisines du château d'Oranienstein réquisitionné par l'armée d'occupation française et situé à cinquante kilomètres au nord de Coblence (Photo 30), près du village de Diez-Lahn, population cinq mille habitants environ. J'étais en charge des vivres et de la cuisine, un sergent-majeur était mon patron. Le lieutenant me remit le galon de caporal pour mes nouvelles responsabilités (Photo 31). En cuisine il y avait sept cuisiniers français et allemands pour nourrir chaque jour la compagnie. Les cuisiniers français et allemands étaient des professionnels et il y avait une bonne entente en cuisine (Photo 32). Ma chambre était au dessus de la cuisine et à côté de la réserve des vivres, afin de surveiller les allées et venues en cas de vol. La population allemande était sous restrictions quant à la nourriture. Certaines familles faisaient la queue devant les fenêtres des cuisines du château pour avoir des restes, nous faisions ce que nous pouvions pour aider ces pauvres gens, car nous avions vécu des moments similaires. Un des cuisiniers allemands, Erik, était aussi

boucher de métier. Nous parlions de boucherie et de la façon de faire l'abattoir. Un jour nous avons décidé de faire une expérience quant à la différence, entre les deux pays, des découpages, de la préparation et cuisson. Donc un jour nous avons commencé à chacun préparer un porc. J'ai commencé le premier à la façon normande: le saigner et le brûler sur la paille afin de retirer tout le duvet et de dorer sa peau, ensuite gratter le porc à l'eau chaude avec un couteau court et large (un pleu). Puis accrocher le porc pour l'ouvrir, nettoyer l'intérieur et récupérer les abats. Tout cela sans faire de charcuterie car nous n'étions pas équipés. Mon partenaire, Erik, avait une façon différente de procéder: il a saigné le porc puis l'a mis dans de l'eau bouillante pour enlever son duvet, ensuite il l'a accroché, vidé de la même façon, puis nous avons attendu une journée. Le lendemain, nous avons détaillé nos porcs et récupéré les mêmes morceaux. Chacun de nous a préparé son rôti de porc à sa façon, nous avions deux fours séparés. Après la cuisson, nous avons goûté nos préparations. Mon compagnon Erik et moi étions d'accord: sa façon de pocher le porc à l'eau bouillante donnait un goût léger à la viande. Mon carré de porc, avant cuisson était ferme, j'y avais ajouté un assaisonnement aux herbes de Provence et des légumes, sans oublier une touche de Madère afin de donner un bon goût à ma préparation. (Vive la différence!).

[Photo 30 Le château d'Oranienstein, Diez-Lahn, 1949]

*[Photo 31 Robert en uniforme du 5ème Régiment de Paris
devant les cuisines du château d'Oranienstein, 1949]*

[Photo 32 La cuisine du château, 1949]

Les habitants du village étaient très cordiaux. Il nous arrivait de passer devant la pâtisserie de la rue principale et de voir des enfants regarder la vitrine avec envie. Je les ai invités à entrer et à choisir une pâtisserie, ils étaient adorables. Comme tous les militaires nous n'avions qu'un petit salaire, je recevais un peu plus étant donné mon grade. La jeune fille qui nous a servi était charmante.

Je suis retourné plusieurs fois à la pâtisserie pour un petit gâteau mais aussi pour la revoir. J'ai eu le plaisir de l'inviter à danser le samedi soir. Les militaires allaient dans les bars restaurants du village pour faire connaissance de jeunes femmes. Après la seconde guerre mondiale, il y avait cinq femmes pour chaque homme en Allemagne, ce pays avait perdu des millions d'hommes pendant les hostilités. Les jeunes femmes n'étaient ni intéressées par l'argent, ni les cadeaux, elles voulaient simplement avoir le plaisir de sortir, danser et s'amuser. Elles avaient beaucoup de charme et de gentillesse. Vers la fin de mon temps, le lieutenant m'a convoqué à son bureau pour me demander de prendre un engagement de six mois supplémentaires afin de pouvoir l'aider dans les cuisines. Le sergent-majeur, mon patron, partait pour l'Indochine. Le lieutenant me proposa un salaire supplémentaire et le poste de sous-officier d'ordinaire, à condition de ne pas partir en Indochine. Comme il y avait la guerre en Indochine j'ai accepté sa proposition; aussi, en Novembre, il était très difficile de survivre en boucherie en Normandie ou à Paris. J'étais très heureux, en général, de mon personnel et de plus je préparais quelques spécialités en boucherie pour le repas du dimanche de cet officier. Les responsabilités de la cuisine ont été une très bonne expérience. J'avais vingt et un an, une Jeep à ma disposition, la belle vie!! (Photo 33). Les sous-officiers de cette unité devaient faire la patrouille une fois par mois, accompagnés de deux soldats, après minuit pour chercher les militaires

dans les bars et les faire rentrer en caserne. Il nous arrivait aussi de faire des manœuvres dans le camp de Baumholder, de trois cents kilomètres de pourtour, nous l'avions surnommé "le camp de la mort lente": Il consistait de trente villages détruits qui avaient servi de camp de manœuvres aux Allemands avant notre arrivée. Ce camp était immense, il pouvait être utilisé par l'infanterie et l'artillerie ainsi que l'aviation de guerre. Nous y avons fait des manœuvres pendant un mois avec nos amis anglais et américains. Mon travail consistait à nourrir la compagnie et à participer aux manœuvres avec un mortier de soixante (Photo 34). Nous avons parcouru des kilomètres à pied dans cette campagne. Parfois nous nous arrêtions chez des cultivateurs des environs pour acheter du lait et des œufs. Ils ne voulaient jamais accepter de paiement. Les soldats n'ont pas d'argent, disaient-ils, ce qui m'a rappelé le geste de ma mère envers le jeune soldat allemand, Thomas, en 1942, avant son départ pour le front en Russie. Au début de l'année 1950 nous avons fait un défilé militaire dans la ville de Coblence. Le général Koenig a donné un discours dans lequel il nous a annoncé que nous n'étions plus une armée d'occupation mais une armée de protection, car la Russie était communiste. Le Général Koenig était né à Caen en Normandie en 1898, il était aussi un héros de Bir Hakeim en 1944.

Il me restait à peu près un mois avant la fin de mes obligations militaires et j'ai été étonné de recevoir des papiers de transfert pour l'Indochine. Je suis allé au

59

bureau du lieutenant, il a pris mes papiers de transfert, les a déchirés et les a jetés dans une corbeille à papier. A trois semaines de ma démobilisation, j'ai commencé à faire les magasins pour trouver des vêtements de civil, j'avais fait des économies à cet effet (Photo 35). Après une année passée en Allemagne je dois reconnaître que nos amis allemands sont des gens sympathiques. J'avais plutôt l'impression d'être en vacances que dans une armée d'occupation ou de protection. L'Allemagne est un beau pays. Je garderais un souvenir inoubliable de l'amabilité, la gentillesse et la courtoisie des jolies femmes allemandes. Les Allemands d'hier sont de très bons amis d'aujourd'hui. Quitter ce beau village de Diez-Lahn m'a beaucoup ému. C'était la vie facile dans un petit paradis de rêves, mais la vie civile m'attendait, ainsi qu'un avenir plus difficile, surtout en boucherie. J'ai été démobilisé à Coblence et rayé des contrôles de l'armée le 15 Mai 1950.

[Photo 33 Le sous-officier d'ordinaire Robert et sa Jeep, 1949]

[Photo 34 Le camp de Baumholder pour l'entrainement avec nos Alliés, 1950]

*[Photo 35 Robert en civil, démobilisé le 15 Mai 1950,
devant le carré des sous-officiers...Enfin la quille!!]*

De retour en France dans ma famille au Havre, j'ai repris mon métier de boucher. Mon père avait de bonnes

relations avec ses collègues en brasserie. Le gendre de l'un d'entre eux était chef d'embarquement du personnel de la Compagnie Générale Transatlantique du Havre. J'ai déposé une demande d'emploi d'apprenti cuisinier à la Compagnie. Le 5 Décembre 1950 j'ai été immatriculé au Havre sous le numéro 9152 a.d.s.g., et j'ai obtenu mon livret professionnel maritime avec la mention "Stabilisé" Compagnie Générale Transatlantique.   Être "stabilisé" signifiait que j'avais un emploi fixe de garçon de cuisine (Photos 36 et 37). C'était un nouveau métier qui allait me permettre de voir du pays.

J'ai embarqué sur l'Argentan, un cargo "liberty ship". Ce navire avait été livré à la France à Galveston au Texas, le 9 Décembre 1946. Ce cargo, d'à peine cinq ans, avait déjà une histoire chargée: Il y a eu le feu à bord alors qu'il était à quai à Rouen en 1947. Ensuite à son retour du Pacifique il perdit son hélice dans l'Atlantique en 1952. La "Transat" (C.G.T.) a acquis une trentaine de navires de ce genre. Ils avaient été construits aux États-Unis, dans l'état de l'Orégon pour le transport, pendant la guerre, des surplus de marchandises vers l'Angleterre et le reste du monde. Après la guerre, la Compagnie Générale Transatlantique a utilisé ces navires pour le transport des marchandises. Ils représentaient la seule ressource de la France pour transporter par mer, car tous les navires de la "Transat" avaient été perdus pendant les hostilités, sauf l'Ile de France qui a été constamment en service.

[Photo 36 Livret professionnel maritime, 1950]

[Photo 37 L'Argentan]

Avant mon embarquement, l'agence de la C.G.T. me proposa le choix entre un cargo qui faisait des voyages à longs cours ou le paquebot Liberté qui faisait la route

Le Havre-New York. J'ai choisi les longs voyages à bord de l'Argentan pour voir du pays. Je ne savais pas ce qui m'attendait! Je travaillais comme assistant-cuisinier.

La première escale a été Anvers en Belgique et la seconde Hambourg en Allemagne, puis nous sommes retournés à La Rochelle La Palice. Nous avons vu un paquebot coulé au large de La Palice. C'était le Champlain qui avait coulé debout. De loin on voyait sa cheminée et sa structure sortir de l'eau à marée basse (Dessin 38). Ce beau paquebot transportait mille passagers entre Le Havre et New York avec une escale au Québec. Il a sauté sur une mine allemande au large de La Palice le 17 Juin 1942. Après avoir passé un mois en cuisine sur l'Argentan, j'ai débarqué à La Rochelle à ma demande, ma raison officielle donnée à la "Transat": le tangage et le roulis de ce petit navire me rendait mal à l'aise. J'ai été muté sur le paquebot Liberté, ancien Europa de la marine marchande allemande (Photo 39). Ce paquebot a été le grand vainqueur du Ruban Bleu en 1930, une distinction accordée au paquebot le plus rapide du monde, lorsqu'il faisait la liaison entre Hambourg et New York. La France a pris possession de l'Europa à titre de dommage de guerre en 1946. Il a été mis en cale sèche pour travaux à Saint-Nazaire. Le Ministre des Transports le baptisa "Liberté" en 1950 et la même année il prit la mer pour New York le 5 Septembre. J'ai embarqué à bord le 11 Janvier 1951 comme garçon de cuisine.

*[Dessin 38 Le paquebot Champlain coulé
au large de La Palice, 1950]*

[Photo 39 Le paquebot Liberté, 1951]

A bord du Liberté, les garçons de cuisine étaient tous des professionnels et provenaient de métiers différents. Il y avait des charcutiers, des bouchers, des pâtissiers, des boulangers et même des cuisiniers apprentis. J'ai ainsi fait mon apprentissage de restaurateur dans différentes spécialités: poissonnier, volailler, légumier et puis un mois à l'argenterie et la verrerie. Les traversées de ce paquebot duraient six jours du Havre à Southampton puis en direction de New York. Au début du mois de Septembre 1953, en quittant le port du Havre, le paquebot a échoué dans le chenal à cause d'une brume très épaisse. Nous avons ressenti un freinage et nous avons été légèrement déséquilibrés. Le Liberté suivait un remorqueur de tête au radar. Le remorqueur avait assez de tirant d'eau mais ce n'était pas suffisant pour une masse de deux cent quatre-vingt mètres de long et trente et un mètres de large et qui jaugeait plus de cinquante et une mille tonnes. Nous étions si près de la côte que nous pouvions entendre des gens parler sur la plage. J'étais sur le pont arrière, réservé aux membres d'équipage, avec des collègues de cuisine. La brume était si épaisse qu'il était impossible de voir les environs. Il a fallu attendre la marée haute suivante pour que le paquebot puisse être tiré du chenal par des remorqueurs.

Le 26 Décembre 1957, une autre surprise nous attendait. A la sortie de la Manche, nous avons pris un vrai coup de tabac. Ce jour-là, j'étais garçon des officiers pont, j'étais le mieux placé pour le spectacle… Le carré des officiers pont était au-dessous de la passerelle du Commandant. Le paquebot tanguait et roulait, les lames d'eau montaient jusqu'à la passerelle, l'eau ruisselait dans les coursives. Bien

que notre vaisselle et notre verrerie soient bien sécurisées, le tout est tombé par terre deux fois de suite. Mon collègue et moi nous accrochions du mieux possible, nous avions les pieds dans l'eau. Imaginez avoir les pieds dans l'eau à six étages au dessus du niveau de la mer!! Le bruit du vent était si fort que nous avons cru à un naufrage. L'avant du paquebot et la cale numéro 1 ont été enfoncés. Le mat de charge de proue, gros comme le corps d'un homme, était tordu. L'étrave du navire n'était pas assez évasée, elle rentrait dans les vagues trop facilement. J'ai souvent vu les boîtes triangulaires de plantes grasses et de fleurs traverser de tribord à bâbord dans les halls à cause du roulis. C'était très dangereux et il fallait vite s'écarter pour éviter d'être fauché par ces objets. Après ce coup de tabac mémorable, le paquebot a dû retourner au Havre pour des réparations en cale sèche.

Mais avant cela, revenons à ma première traversée de l'Atlantique, en tant qu'apprenti cuisinier, en Janvier 1951. En arrivant au port de New York, nous sommes restés une journée et demi au Pier 88, qui était le quai de la "French Line". Nous avons fait des exercices de sauvetage à quai en cas d'imprévu. Nous étions bien entourés: à gauche du Pier 88 il y avait la "Cunard Line" et le paquebot Queen Mary et à droite le paquebot United States des États-Unis. Mon passage auprès de la Statue de la Liberté m'a beaucoup impressionné. Cet extraordinaire chef d'œuvre du sculpteur français Auguste Bartholdi, terminé le 28 Octobre 1886 a été donne à nos amis américains par la France. Il faut lire la belle histoire de sa construction pour mieux la comprendre. Toute la charpente métallique intérieure est le résultat du travail impressionnant

de l'ingénieur français Gustave Eiffel (Photos 40 et 41).

Après mon débarquement j'ai pris un taxi, un "yellow cab", en direction de Broadway. Puis je suis allé au Plaza Hotel pour rendre visite à mon cousin Raymond Bosquer qui était chef de cuisine des banquets depuis plus de vingt ans. Il était aussi le Président du Vatel Club de New York (photo 42).

 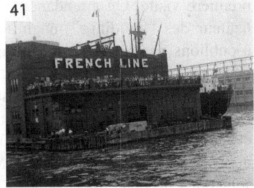

[Photo 40 La Statue de la Liberté, 1951]
[Photo 41 Le Pier 88 de la "French Line" à New York]

[Photo 42 Raymond et Fernande Bosquer et moi
au pique nique du Vatel Club à New York]

Ce fut un plaisir de se revoir. Notre dernière rencontre avait eu lieu avant la guerre chez mes parents à Beuzeville. Il m'a offert de diner avec lui en cuisine. J'ai dégusté une très bonne côte de bœuf, la spécialité de l'hôtel. Avant de retourner à bord je suis allé voir un film sur Broadway. New York est une ville très impressionnante, elle vous donne l'envie de tout voir le même jour, surtout la première visite. On a tendance à regarder en l'air, vu la hauteur des "buildings" magnifiques, les gratte-ciel. Et n'oublions pas le "shopping" dans les magasins sur les quais du port. Le jour du départ, après avoir passé une seule nuit à quai, le Liberté s'est apprêté à appareiller. Les visiteurs qui accompagnaient leurs familles et amis étaient très nombreux et ils ont dû débarquer à l'annonce du haut parleur: "Mesdames et Messieurs, les visiteurs sont priés de débarquer car nous allons appareiller dans une demie heure…" A la sortie de la Baie de Hudson, il nous arrivait souvent de croiser des paquebots américains et anglais. La passerelle du commandant annonçait aux passagers: "Dans quelques instants le Liberté va croiser un autre paquebot, le….". Les sirènes des paquebots se saluaient mutuellement trois fois et les passagers, sur le pont supérieur, agitaient leurs chapeaux et leurs foulards. Après notre escale à New York la routine du travail à bord était toujours la même. Nous allions en direction de la Manche et du port de la "Royal Navy" à Plymouth. Ce port était la dernière escale avant Le Havre. Nous arrivions en rade à huit heures du matin pour débarquer les passagers et embarquer les soles de Douvres, afin de donner aux

passagers qui allaient jusqu'au Havre, le plaisir d'avoir une sole meunière fraîche au déjeuner. Nous étions deux poissonniers chargés de préparer plus de deux cents soles avant l'arrivée au Havre. Généralement, les fêtes de fin d'année se passaient en croisière. Celles-ci duraient vingt six jours et nous emmenaient des Caraïbes à Rio de Janeiro au Brésil. A Rio, le paquebot restait ancré pendant quatre jours au large de la baie. La journée de travail terminée, l'équipage pouvait débarquer pour visiter la ville et profiter du Carnaval et de l'extraordinaire ambiance donnée par la musique et les danses. Les jolies brésiliennes nous prenaient par la taille pour aller danser sur l'Avenue Rio Branco entre les chars et le public endiablé, gentil et heureux (Photo 43). Il était impossible de traverser une place sans se sentir emporté par l'ambiance et d'avoir envie de danser avec toutes les belles Cariocas vêtues de costumes "sexy". C'était une expérience magnifique!! Elles nous ont emmenés vers un bal de quartier où les gens dansaient en cercle. Ma compagne était superbement vêtue d'une jupe courte en style de toge romaine. A chaque tour de danse nous passions près du bar pour prendre un verre de vin. Le barman savait qu'il y avait des Français dans la salle et nous avions droit à un "Viva la Francia" et "Vive de Gaulle". Tout ce joli monde ne perdait pas une minute de plaisir avec leurs magnifiques sambas.

[Photo 43 L'Avenue Rio Branco à Rio de Janeiro au Brésil, 1953]

Le dernier jour du Carnaval, tout le monde était triste de voir la fin de ce spectacle unique au monde. Le soir de la fermeture les Brésiliens pleuraient aux coins des rues, c'était triste à voir. Un grand merci au public brésilien pour m'avoir accordé tant de plaisir et de joie.

En compagnie de quelques collègues, j'ai pris le funiculaire pour aller au "Cristo Redentor" au sommet du Pain de Sucre. De là nous avons aperçu notre paquebot dans la baie, aussi petit qu'un jouet d'enfant. Nous étions entourés de milliers de papillons magnifiques. Le lendemain en promenade sur la belle plage de Copacabana, nous avons vu des gamins qui jouaient au football ("el futbol") ainsi que des Cariocas superbes en maillots de bain échancrés. Ensuite vînt le moment des emplettes: J'ai acheté, en 1952, une collection de cent cinquante papillons que je possède toujours (Photo 44) ainsi qu'un joli plateau de service dont

le paysage était fait d'ailes de papillons que j'ai offert à mes parents.

[Photo 44 Ma collection de papillons du Brésil]

La ville de Sao Salvador de Bahia dans la baie de tous les Saints, était une autre escale intéressante. Il y avait autant d'églises que de jours de l'année. Il y avait un marché d'oiseaux de toutes espèces et couleurs et des petits singes de dix centimètres de haut que les vendeurs déposaient sur nos épaules afin d'essayer de nous les vendre pour un dollar.

Le paquebot Liberté transportait mille cinq cent passagers et neuf cents membres d'équipage en temps ordinaire mais en croisière il y avait neuf cents membres d'équipage pour neuf cents passagers. Tout le bateau était première classe.

Les garçons de cuisine espéraient toujours obtenir un meilleur emploi à bord. Un jour j'ai eu la chance d'être remarqué par un maître d'hôtel principal de première classe: Monsieur Pierre qui est devenu, après sa retraite de la "Transat", le superintendant du Palais de l'Elysée lorsque Charles de Gaulle était Président de la République. J'étais dans les coursives en tenue de poissonnier, nous portions des treillis et des tabliers bleus. Les tenues de personnel étaient, en général, impeccables, que ce soit en cuisine ou en salles à manger. J'étais sur le point de descendre deux saumons au réfrigérateur quand Monsieur Pierre m'a dit:…"Petit, veux-tu monter en salle?" J'ai cru que j'allais laisser tomber mes saumons tant sa proposition m'a surpris, je l'ai regardé et lui ai dit "….mais oui Monsieur…" Je n'avais que vingt deux ans mais j'étais présentable pour entrer en salle. Ayant tout l'avenir devant moi, je ne risquais rien d'accepter. Ensuite le maître d'hôtel est allé voir le chef de cuisine, André, pour lui annoncer la nouvelle. Le chef de cuisine voulait me donner des cours de restauration et n'était pas heureux de me voir partir à l'école hôtelière du paquebot. Il voulait faire de moi un cuisinier et un "chef de partie" dans sa brigade de cinquante cuisiniers. Après le retour du paquebot au Havre, je fus muté au carré des officiers pont. Nous étions deux à faire le service des officiers pont. Mon compagnon m'a donné toutes les instructions afin de ne pas faire d'erreurs. Mon travail consistait à dresser les tables, servir les officiers ainsi que le capitaine en second et le capitaine de sécurité et de faire leurs cabines.

Tous les jours à six heures du matin, nous descendions à la cave du navire pour y chercher vingt-quatre bouteilles de vin auxquelles nous ajoutions des liqueurs et apéritifs. Ensuite il fallait nettoyer le carré, préparer la table pour le petit déjeuner et faire le café puis remonter des cuisines, six étages au dessous du carré, les croissants et le pain frais ainsi que les commandes de petits déjeuners. Il y avait huit boulangers et pâtissiers en cuisine. La table du carré pouvait accueillir une douzaine de personnes environ. La mise en place devait se faire à l'heure exacte. Petit déjeuner à huit heures, déjeuner à midi et diner à sept heures du soir. Les officiers ne mangeaient pas tous en même temps, car deux d'entre eux restaient en service sur la passerelle, pour assurer la bonne conduite du navire et garder un œil sur les icebergs. Le carré des officiers était en dessous de la passerelle du Commandant où se trouvait son appartement. Le Commandant avait son maître d'hôtel personnel. Avant chaque déjeuner et diner nous devions monter à la passerelle du Commandant et présenter les menus de première classe à deux officiers de pont de service et leur expliquer les spécialités du jour. Quelques surprises nous y attendaient: ces messieurs avaient, à presque chaque voyage, une ou plusieurs invitées. Les officiers avaient droit à des dépenses "ordonnées" qui étaient prises en charge par la "Transat" sur le compte du carré des officiers.

J'ai eu le plaisir de servir un grand artiste du cinéma français: Fernandel accompagné de sa fille Josette (Photo 45). Un après midi, il se promenait sur le pont supérieur. Je l'ai

salué et lui ai demandé de prendre une photo ensemble. Il a été d'accord et s'est mis en position de boxeur, j'ai donc pris la même position. (Photo 46). Il m'arrivait de le rencontrer quelques fois le matin de bonne heure quand il prenait l'air sur le pont supérieur alors que je revenais de la cave. Je l'ai salué d'un "…Bonjour Monsieur Fernandel…" "…Bonjour mon petit, qu'il est sale ton bateau, qu'il est sale…" me répondait-il avec un accent du midi franchement adorable. En effet, le pont était toujours sale, car le vent couchait la fumée qui se déposait sur le pont et les rambardes du paquebot.

[Photo 45 Fernandel au carré des officiers
de pont du paquebot Liberté, 1953]

[Photo 46 Fernandel et moi en position
de boxeur sur le pont, 1953]

76

Monsieur Fernand Constantin, dit Fernandel, était vêtu d'un manteau en poil de chameau et d'une casquette à carreaux. Il était très original. Chaque après midi le Commandant donnait un cocktail pour les passagers habituels de la "Transat". Fernandel était toujours de la partie tous les jours afin de distraire les invités. Le salon du Commandant était très proche du carré des officiers et nous entendions l'assistance rire des plaisanteries du comique.

Après une année au carré des officiers, j'ai été transféré au carré des maîtres, pour servir les chefs de cuisine, les chefs de réception, les commis aux vivres et les maîtres d'hôtel principaux. Les docteurs et le commissaire principal prenaient leur repas en salle de première classe. Ils avaient tous les meilleurs menus du monde! Tout ce qui leur plaisait sur le menu leur était servi. C'était un test très sérieux pour les "Maîtres" qui ainsi pouvaient se rendre compte si les plats étaient adéquats pour la consommation des passagers.

Le maître d'hôtel principal, Monsieur Pierre, me suivait de très près et ne me quitter pas des yeux afin de m'évaluer pendant le service car j'attendais une promotion future. Ma façon de trancher et découper les viandes l'impressionnait, ces techniques n'avaient pas de secret pour moi. Après six ans dans la boucherie et deux ans en cuisine, j'avais acquis une bonne expérience quant au découpage, à la rapidité d'exécution ainsi que la présentation sur l'assiette où il fallait séparer les couleurs des légumes pour donner une belle présentation sur la table. Ensuite j'ai été garçon

serveur en seconde classe. Je ne suis resté que six mois à ce poste. Jusqu'au jour où le paquebot Flandre, après sa sortie des chantiers de Saint-Nazaire, est entré au service actif de la "Transat" au Havre. Le jour de l'arrivée du paquebot Flandre et après avoir obtenu mon brevet d'Anglais (Photo 47), je fus promu chef de rang de salle à manger première classe le 17 Septembre 1954. A ma grande surprise, j'ai revu les mêmes chefs de service que j'avais connus sur le paquebot Liberté. J'ai gardé un bon souvenir et un profond respect pour ces patrons. Photo 48 montre la brigade de la salle à manger du paquebot Flandre.

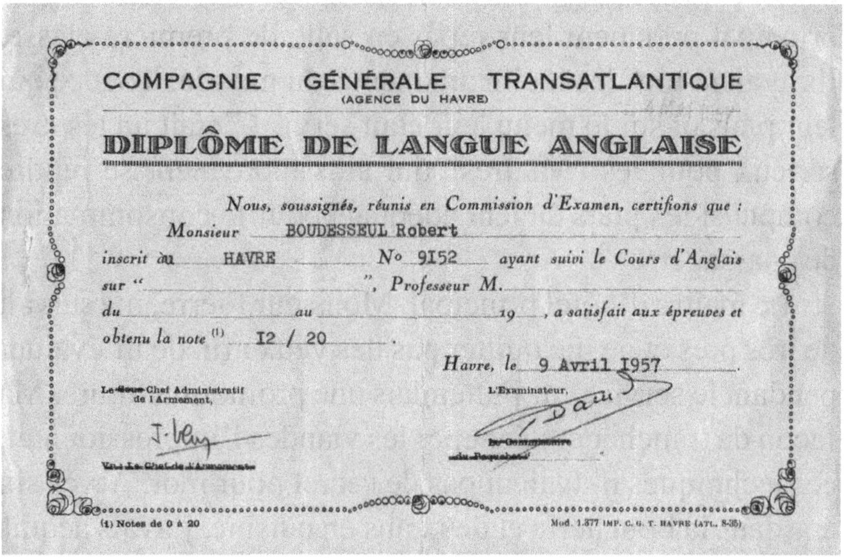
COMPAGNIE GÉNÉRALE TRANSATLANTIQUE
(AGENCE DU HAVRE)

DIPLÔME DE LANGUE ANGLAISE

Nous, soussignés, réunis en Commission d'Examen, certifions que :
Monsieur BOUDESSEUL Robert
inscrit au HAVRE *N°* 9152 *ayant suivi le Cours d'Anglais*
sur " ", *Professeur M.*
du *au* *19* , *a satisfait aux épreuves et*
obtenu la note (1) I2 / 20 .

Havre, le 9 Avril 1957 .

Le Sous-Chef Administratif de l'Armement,

Vu : Le Chef de l'Armement

L'Examinateur,

Le Commissaire du Paquebot

(1) Notes de 0 à 20

Mod. 1.377 IMP. C. G. T. HAVRE (ATL. 8-35)

[Photo 47 Mon brevet d'Anglais]

[Photo 48 La brigade de la salle à manger du paquebot
Flandre, 1954. Je suis au centre de la photo derrière
le maître d'hôtel principal, Pierre Lefèvre]

Le Flandre pouvait transporter cinq cent cinquante passagers, dont cent cinquante en première classe et le reste en seconde classe. Notre apprentissage était très strict et nous devions appeler les passagers "Madame ou Monsieur" et ne jamais les adresser par leurs noms.

Mon rôle consistait à me présenter, faire asseoir les passagers, leur donner des menus, recommander les spécialités et prendre les commandes. Les menus étaient différents au déjeuner et au diner. J'étais assisté d'un commis de salle chargé de faire la navette entre la salle à manger et la cuisine. Il était interdit aux chefs de rang

de se rendre aux cuisines, sauf en cas extraordinaire. Le Flandre prenait six jours pour traverser l'Atlantique, du Havre à New York en faisant escale à Southampton. En 1954 le Département de la Justice des États-Unis a imposé au personnel une carte de débarquement (la loi McCarthy). A cette époque, les communistes à bord ne pouvaient pas débarquer aux États-Unis (Photo 49).

Les tempêtes étaient fréquentes et le paquebot roulait de bâbord à tribord. Nous devions nous lever la nuit pour accrocher des contre-hublots dans la salle à manger de première classe, ce qui arrivait fréquemment mais cela faisait partie de nos responsabilités. Les cabines du personnel étaient à la hauteur de la ligne de flottaison et à chaque coup de tabac, il était difficile de dormir. Nous glissions des bouées de sauvetage sous nos matelas afin de ne pas tomber de nos lits. Ce roulis durait parfois plusieurs jours de suite pendant lesquels les passagers ne descendaient pas en salle mais restaient dans leurs cabines. Les paquebots Flandre et Antilles étaient des "sister ships" (Photo 50). J'ai eu le plaisir de servir quelques célébrités au cours de mes traversées. Je me souviens d'une anecdote: je découpais un canard à l'orange à la table de l'acteur américain Boris Karloff et de sa femme, celle-ci s'est levée pour aller dans sa cabine, elle est revenue avec un merveilleux foulard en soie. Elle m'a demandé mon couteau et son étui, je lui ai tendu mon couteau à manche de nacre, elle l'a pris et l'a enveloppé dans son foulard, puis m'a dit en me les tendant:" Robert, this is for you!", interloqué je me suis tourné vers Boris Karloff

qui me lança d'une voix grave "…quand j'étais jeune, ce foulard m'appartenait, maintenant il est à vous!" Parmi les nombreuses célébrités, acteurs et autres personnalités, Christiane Martel, Miss Universe, a fait la traversée de New York au Havre (Photo51).

[Photo 49 La carte d'immigration]

[Photo 50 Les paquebots Flandre et Antilles]

[Photo 51 Miss Universe, Christiane Martel sur le paquebot Flandre, Robert lui présente une corbeille de mignardises]

Nous avons fait une croisière de huit jours vers la Norvège avec une escale où nous avons eu une leçon d'histoire sur les Vikings, parmi lesquels les Normands étaient les plus féroces. La population est blonde, en général. Comme nous étions bruns, nous nous sommes faits remarquer lorsque nous sommes allés acheter des pulls over d'une grande beauté et aux couleurs exceptionnelles.

Après cette escale, nous nous sommes dirigés lentement vers les "fjords" à l'ouest de la Norvège. Ils étaient très beaux sous le soleil de Juillet et nous avons vu d'innombrables bateaux de pêche. Puis le paquebot a pris la mer vers le nord-ouest en direction de l'Islande. Après trois jours de navigation nous sommes arrivés au port de Reykjavik, la capitale de l'Islande au sud-ouest de

l'île. En 1806, il n'y avait que trois cents personnes dans la capitale, dans les années 1950 il y avait cent soixante mille habitants et la population augmentait de deux mille personnes par an. Nous étions au mois de Juillet mais la température était très basse. Les cinq cents passagers et l'équipage ont ressenti le charme nordique au cours de cette croisière très passionnante. Après notre randonnée dans l'Atlantique du Nord, nous sommes rentrés au port du Havre, notre port d'attache.

CROISIÈRES

Le Flandre faisait des croisières de fin d'années aux Antilles ainsi qu'à la Nouvelle Orléans en Louisiane. Le paquebot était accosté en face de Canal Street afin de visiter le centre historique. J'ai pris un bus de ville pour me rendre au "French Quarter". Je voulais m'asseoir à l'arrière du bus mais le chauffeur s'est arrêté et m'a demandé de venir vers l'avant du bus: à cette époque l'avant du bus était réservé aux "blancs" et l'arrière aux "noirs". A mon arrivée à Bourbon Street, le centre du "French Quarter", je suis allé au Café du Monde qui est ouvert vingt quatre heures sur vingt quatre. Le menu était délicieux, la cuisine créole est épicée et très bonne. Un peu d'histoire: La Louisiane, ancienne possession française, a été vendue aux États-Unis en 1803 pour environ quatre vingt millions de francs en or, après le contrat signé à Paris. En ce temps là, le territoire de la Louisiane s'étendait des Grands Lacs au nord au Golfe du Mexique au sud.

Aujourd'hui ce territoire couvre treize états différents de l'Illinois à la Louisiane. Le lendemain le paquebot a repris son cours et nous avons croisé des bateaux à roue dans l'estuaire du Mississippi. Nous avons mis le cap sur le Golfe du Mexique en direction de Houston Galveston. A cette escale, les visiteurs qui venaient à bord étaient de vrais texans portants des chapeaux "Stetson" et des bottes mexicaines "Santana". Des couples très élégants venaient à bord lors des cocktails organisés par le Commandant.

Ensuite nous nous sommes dirigés sur Cuba, découverte par Christophe Colombe, et nous avons accosté au port de la Havane. L'île de Cuba était magnifique. Le soir nous sommes allés assister à un spectacle au Tropicana, qui nous a permis d'admirer les jolies danseuses qui descendaient entre les branches d'immenses palmiers et autres arbres exotiques d'une dizaine de mètres de haut au rythme des merengues et de musique cubaine. Nous étions trois collègues du paquebot et nous nous sommes assis à l'extérieur et avons commandé trois whiskys, le garçon a apporté une bouteille graduée qui permettait de déterminer notre consommation et le montant à payer. Avant la Révolution, la valeur du dollar cubain était alignée avec celle du dollar américain. Nous avons aussi savouré des cigares cubains qui nous étaient apportés par de charmantes hôtesses. Le spectacle était extraordinaire et la ville elle-même était très agréable et attrayante. A chaque coin de rue il y avait des vendeurs de petits cigares très bon marché et de très bonne qualité, c'était vraiment le pays du tabac! De nombreux marins américains en

goguette dégustaient de la bière sur les terrasses des cafés en compagnie de belles cubaines, une île enchantée. Le Président de Cuba était Fulgencio Batista.

Notre escale suivante était Panama et nous étions ancrés au port de Cristobal Colon, sur la côte atlantique. Un copain et moi avons pris le train qui suivait le canal jusqu'à Panama City où nous avons marché dans les eaux du Pacifique. C'était une grande première pour nous deux.

Après notre demi-journée de congé, nous sommes retournés à bord du paquebot avec nos chapeaux panaméens achetés à Panama City. Le port de Cristobal Colon était dangereux et il n'était pas recommandé de passer la nuit à terre. L'escale suivante était la petite île originale de Curaçao. Le paquebot était ancré près du port de Willemstad, la capitale, pour faire le plein au terminal de ravitaillement de mazout. Nous avons eu le temps de nous baigner près du port et j'ai eu la mauvaise surprise d'avoir le bras entouré par les tentacules d'une petite pieuvre qui m'a engourdi le bras pour une semaine. Cette île, d'une superficie de cinquante mille kilomètres carrés est très proche du Venezuela. L'architecture des maisons de Willemstad était hollandaise et la capitale avait une population de trente mille habitants. Notre prochaine escale était le Venezuela où nous avons accosté près du port de La Guaira. Nous sommes allés en bus à la capitale, Caracas, où nous avons admiré les bijoux en or de vingt quatre carats. J'ai acheté deux broches en forme d'orchidée, j'en ai donné une à ma mère et l'autre à ma future épouse Andrée (Photo 52). Puis nous avons pris la direction de la Jamaïque, une île magnifique aux

85

plages de sable blanc, les montagnes verdoyantes étaient couvertes de fleurs multicolores. Notre escale à Kingston, la capitale, était assez longue, car les passagers allaient en excursion à Montego Bay, et retournaient au bateau en fin de journée. C'était la grande époque du "Calypso" et des "Steel bands": des orchestres dont les instruments étaient des bidons en fer sur lesquels les musiciens créaient des mélodies langoureuses et rythmées.

[Photo 52 L'orchidée en or d'Andrée]

Le port suivant était Port of Spain, la capitale de l'île de Trinidad. C'était une ville très propre et bien entretenue. Il y avait beaucoup de magasins. J'ai acheté du "Chouchou", une sauce anglaise à base de curry, particulièrement appréciée avec les avocats. Le yacht de luxe de la Reine d'Angleterre, le Britannia, était ancré à côté du Flandre. Le soir dans le

café restaurant de l'hôtel Normandie, nous avons vu une démonstration de "limbo" et écouté la musique "Calypso" traditionnelle. Une autre soirée très agréable sous le ciel des Tropiques! La Martinique fut notre prochaine escale. Nous avons passé la journée au port de Fort-au-France. Près de la place de la Savane, où nous allions danser le soir, nous avons admiré les superbes créoles martiniquaises coiffées de madras. La Martinique est une petite île de deux cents mille hectares. La ville de Saint Pierre a été complètement détruite en 1902 par une éruption volcanique de la Montagne Pelée.

Ensuite nous avons visité l'île voisine, la Guadeloupe, une autre île volcanique qui attirait déjà beaucoup de touristes. Le "ti-punch" nous attendait dans les bistrots du port de Point-à-Pitre. L'escale à Puerto Rico, alors un protectorat des États-Unis a été surtout consacrée à la visite de la ville, la dégustation du rhum et des cigares.

Notre prochaine destination était Haïti, les conditions d'accostage n'étaient pas très bonnes aussi nous sommes restés au large du port de Port-au-Prince. Nous avons dû nous rendre à terre par vedettes, des petits vaisseaux tremblants et pas très bien entretenus. Les rues étaient en mauvais état et il y avait beaucoup de mendicité. Haïti a gagné son indépendance après la révolution de 1791. C'était une jolie petite île très ensoleillée. J'ai retrouvé de bons amis que je connaissais et nous sommes allés au Perchoir, un bar restaurant touristique, au sommet d'une montagne pour admirer la vue sur la baie. Puis nous nous sommes rendus à Pétionville où mes amis possédaient un commerce. Le Palais Présidentiel était la seule chose grandiose dans cette ville. De retour à bord, j'ai

servi une table de six couverts occupée par le Président de l'île et sa famille qui partaient pour la France. Ils voyageaient en première classe et portaient des tenues différentes à chaque repas. Après notre départ nous avons contourné l'île dont l'autre partie appartenait à la République Dominicaine et avons abordé au port de San Domingo, cette ville était d'une propreté incroyable. Mais une fois à terre, les habitants n'avaient pas le droit de nous parler. Ils s'éloignaient apeurés. Le mieux pour nous était de retourner à bord. Le Président de la République Dominicaine était Trujillo. De retour à New York, nous étions prêts à reprendre la route de l'Atlantique du Nord, vers le port de Plymouth et ensuite Le Havre. Il nous arrivait de changer de route pendant nos voyages afin d'aller à la rencontre d'autres navires pour prendre des blessés ou des malades. C'était une manœuvre délicate qui se faisait à bord d'une embarcation de sauvetage, ce qui pouvait être difficile en cas de mauvais temps. Je me souviens d'une de ces manœuvres, aux environs des Açores, nous avons longé l'île et nous pouvions voir les tourbillons de feu qui sortaient du cratère du volcan.   Au cours de notre troisième croisière de Noël sur le Flandre, nous avons embarqué une majorité de passagers israélites, des habituées de la "Transat". Cette clientèle était très classique, le reste des passagers étaient des Canadiens qui avaient embarqués à New York. Les francophones parmi eux étaient très faciles à servir car ils parlaient français.

La clientèle était exigeante sur ces croisières. Comme en témoignaient les rapports quotidiens du Commissaire Principal, les complaintes allaient des toilettes bouchées à l'air

conditionné qui laissait à désirer surtout dans les tropiques. Les passagers des cabines de luxe se plaignaient qu'il n'y avait pas assez de personnel. Il y avait autant de membres d'équipage que de passagers sur ces croisières. Un chef de rang, accompagné de son garçon de suite servait de quatorze à seize personnes par service. Malgré cela le Commissaire et le Commandant ont reconnu le dévouement du personnel qui était toujours à la hauteur de leur tâche. Les pourboires qui représentaient des sommes substantielles dans notre métier étaient absents ou très maigres lors de notre arrivée à New York. A notre retour au Havre, il y a eu quelques promotions et j'ai embarqué sur le paquebot Ile de France en première classe (Photo 53). Celui-ci faisait des voyages aller retour toute l'année entre Le Havre et New York.

L'Ile de France était le paquebot le plus décoré du monde pour ses missions militaires. Pendant la deuxième guerre mondiale il a transporté de nombreux militaires ainsi que de l'équipement entre les Etats-Unis et l'Angleterre. Le paquebot a subi beaucoup de changements après la guerre. L'une des trois cheminées fut enlevée et l'intérieur, cabines et salles à manger ont été modernisés. L'Ile de France a assisté à un extraordinaire sauvetage en Juillet 1956. La mer était très calme car il y avait une brume épaisse. Le paquebot italien l'Andrea Doria a été heurté par le navire suédois le Stockholm (Photo 54). Sa proue a frappé de paquebot italien en plein milieu. Les hublots de l'Andrea Doria étaient ouverts, même après l'abordage, ce qui était bizarre, car la première manœuvre de sécurité est de les fermer en cas d'avarie. Le bateau s'est couché doucement.

Beaucoup de navires de sauvetage des environs sont venus à l'assistance une fois l'alerte donnée.

[Photo 53 Le paquebot Ile de France]

[Photo 54 Le naufrage du paquebot Andrea Doria]

L'Ile de France était en mer depuis un jour et aussitôt après avoir reçu le S.O.S., nous avons mis le cap sur le lieu du naufrage pour assister au secours des passagers. L'Ile de France a mis ses canots de sauvetage en mer, le Commandant a mis tout le personnel à la disposition de l'effort de secours. Nous avons été étonnés de voir que les premiers canots de sauvetage transportaient l'équipage!! Après avoir embarqué sept cents naufragés ainsi que l'équipage de l'Andrea Doria, nous sommes retournés à New York pour débarquer les survivants. A son arrivée à New York, l'Ile de France a été décoré par les autorités américaines et françaises. Au cours des voyages suivants nous avons vu le Stockholm, sa proue défoncée, amarré dans l'estuaire de l'Hudson (Dessin 55).

Le 16 Janvier 1957, alors que l'Ile de France retournait au Havre, mon père m'attendait sur le quai. Il venait m'annoncer le décès de mon frère Pierre après plusieurs jours dans le coma, à la suite d'un accident de travail, il avait trente et un ans. Ce fut une nouvelle très triste pour mes parents et le reste de la famille. Mon frère était marié et adorait se petite fille Caroline qu'il appelait "sa petite poupée." Nous regrettons son triste départ jusqu'à ce jour.

Nouveau Chapitre

Afin de devenir maître d'hôtel à la "Transat" et de connaître toutes les ficelles du travail en salle, il était utile de faire des stages sur d'autres bateaux de la compagnie et dans des fonctions différentes. Aussi j'ai fait deux stages de chef de pont sur les paquebots Colombie et Antilles (Photo 56). Les deux navires voyageaient sur la même ligne des Antilles françaises et anglaises. Le trajet habituel nous emmenait de Havre à Southampton, puis Vigo, Point-à-Pitre, Le Roseau, Fort-de-France, les îles de Barbados et Trinidad, La Guaira et Curaçao. Le retour s'effectuait sur la même route sauf l'escale anglaise qui se faisait à Plymouth. Une telle croisière a eu lieu sur le Colombie du 23 Août au 2 Septembre 1954.

[Dessin 55 Le paquebot suédois, le Stockholm,
endommagé, à quai à New York]

[Photo 56 Le paquebot Colombie]

Un chef de pont était responsable de la piscine, la bibliothèque et du courrier des passagers, ainsi que des chaises longues du pont. Il organisait aussi le baptême des passagers lors du passage de l'Equateur. Le chef de pont avait deux mousses sous ses ordres. Les voyages de ces deux navires étaient plus longs que ceux de la ligne Le Havre-New York. Il fallait une douzaine de

jours pour rallier le Havre aux Antilles. Du Havre nous nous dirigions sur Vigo en Espagne. Après cette escale et quelques jours nous changions d'uniforme: du bleu marin au blanc (Photo 57). A proximité de la ligne de l'équateur nous organisions le baptême des passagers qui commençait dans les piscines.

A chaque escale nous étions à la coupée pour saluer les passagers à l'embarquement et au débarquement. La clientèle était composée aux trois quarts de fonctionnaires. Souvent des femmes mariées voyageaient pour aller rejoindre leurs maris ou pour rentrer en France pour les vacances. Nombreuses étaient les idylles nouées aux cours de ces voyages, les passagères avaient un certain penchant pour l'uniforme!

LE PAQUEBOT FRANCE

Pour terminer mon emploi avec la "Transat", je vais parler du dernier paquebot de la Compagnie: Le France (Photo 58). L'arrivée de ce paquebot au Havre le 10 Janvier 1962 a été une occasion grandiose et magnifique.

[Photo 57 Le chef de pont Robert avec changement d'uniforme, du bleu marin au blanc près de l'Equateur]

[Photo 58 Le paquebot France]

Des milliers de personnes, sur le quai, la jetée et les plages, attendaient l'arrivée de ce navire superbe. Le France a été construit dans les chantiers navals de Penhoët à Saint-Nazaire. Il a été lancé le 11 Mai 1960 en présence du Général de Gaulle et de Madame de Gaulle, la marraine du paquebot (Dessin 59).

C'était le plus long paquebot du monde: il faisait 315 mètres de long, 33.70 mètres de large, un poids de 55.000 tonnes, une vitesse de 31 nœuds (55.5 km), un rayon d'action de 15.000 km et une puissance de 60.000 CV. La propulsion et l'installation électrique étaient assurées par une centrale thermique de 135.000 kW. Il y avait huit hectares de ponts. Il pouvait transporter 2050 passagers et 1111 membres d'équipage: il y avait environ mille cabines. En cuisine il y avait soixante dix cuisiniers, boulangers, pâtissiers et bouchers pour préparer plus de 3000 couverts par service y compris l'équipage.

Les installations de loisirs consistaient en une salle de spectacle qui pouvait accommoder 700 personnes, huit bars, cinq pistes de danse, deux bibliothèques, deux piscines, un parc d'attractions et de jeux pour les enfants et un chenil pour nos amis fidèles, les chiens (Photo 60).

Les salles à manger de première classe pouvaient servir cinq cents couverts soit deux cent cinquante par service. Il fallait être bien organisé au premier service, d'une heure et demie à deux heures, car le deuxième service suivait immédiatement. Nous n'avions que quinze minutes pour remettre tout en ordre. La salle à manger de deuxième classe servait sept cent cinquante personnes par service, soit près de mille cinq cents personnes par repas.

J'ai embarqué sur le France le 19 Janvier 1962 en tant que premier chef de rang de salle à manger de première classe. Une belle promotion! J'étais au bas de la descente en salle du côté des numéros pairs. Je portais le badge numéro deux sur ma veste (Photo 61). J'ai participé au diner inaugural le 11 Janvier 1962. Le Premier Ministre Michel Debré était présent et au cours d'un discours, il a déclaré: "...Le France, c'est la France, vive la France..." La salle à manger était comblée de personnalités et célébrités ainsi que de chefs de gouvernement. Cette soirée était grandiose (Photo 62). Il y eu d'autres diners importants: le Bal des Petits Lits Blancs, le 13 Janvier 1963, une soirée de charité. Ce bal était une tradition de la Compagnie Générale Transatlantique.

[Dessin 59 Le baptême du paquebot France]

[Photo 60 Notre beau chien Milord de Normandie]

[Photo 61 Le chef de rang Robert, en salle à manger première classe sur le paquebot France]

[Photo 62 Médaillon du France, 1962]

*L*ES ANNÉES "FRANCE"

63

L'ex-paquebot France est de retour au Havre. C'est l'une des ultimes escales de Norway et, à cette occasion, nous publions « Les années France » avec des photos des plus grands moments de la vie du célèbre transatlantique. France a fait la fierté puis la tristesse des Havrais, depuis le 23 novembre 1961. Séquence nostalgie en images.

14 JANVIER 1962 : La ravissante Audrey Hepburn, inoubliable interprète de « Sabrina » de Billy Wilder, est à bord de *France*, illuminant de sa présence l'un des plus grands événements de la saison : le bal des Petits Lits Blancs. Près de 1 200 invités assistent à cette soirée de bienfaisance. L'actrice américaine est ici en compagnie du premier pacha du transatlantique : le commandant Georges Croisile.

[Photo 63 Le Bal des Petits Lits Blancs. Le Commandant Croisile en compagnie de la grande artiste Audrey Hepburn]

99

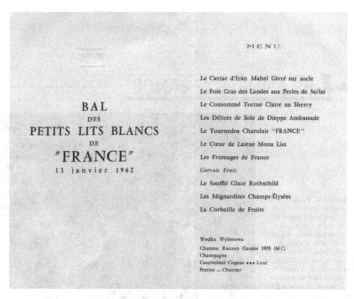

[Photo 64 Le menu de la soirée du Bal des Petits Lits Blancs]

J'étais en charge de la table du Commandant Croisile et ses invités, parmi eux, la grande artiste américaine, Audrey Hepburn (Photo 63).

J'étais très fier de mon métier et honoré de représenter l'art culinaire de nos grands chefs en offrant un service à la hauteur de notre clientèle (Photo 64). Je possède toujours de nombreuses références de la clientèle de première classe. Beaucoup d'entre eux m'ont offert des situations aux États-Unis une fois terminé mon service à la "Transat". Au Havre, avant chaque départ deux membres de personnel civil et un membre d'un des syndicats allaient goûter le vin de l'équipage à quai avant de l'embarquer à bord. J'ai souvent participé à ces taste-vin, nous ne goûtions qu'un seul vin, toujours rouge.

100

Il y avait trois syndicats à bord: la F.O. (Force Ouvrière), la C.G.T. (Confédération Générale du Travail) et la C.F.T.C. (Confédération Générale des Travailleurs Chrétiens). Il y avait trois vitrines à la disposition des syndicats, j'étais en charge de tenir à jour la vitrine de la C.F.T.C. et d'afficher l'information syndicale, les journaux professionnels et les convocations de réunions syndicales à bord. Les vitrines se trouvaient à côté des réfectoires du personnel.

Avant le départ d'une croisière nous avons fait une réclamation: nous voulions recevoir un dollar de prime par jour par employé civil pour les croisières de plus de quarante cinq jours. Cette prime a été refusée et nous avons déclenché une grève de quarante cinq jours au port du Havre.

Il y avait un réfectoire pour chaque corps de métier: le personnel civil, les marins, le personnel du pont et les machinistes. La nourriture de personnel était toujours bien préparée et excellente. Un menu typique consistait d'hors d'œuvres, une entrée (charcuteries), un plat de résistance (choucroute garnie), des fromages et un dessert (tarte aux fruits). Le tout arrosé de la boisson de son choix: de l'eau, de la bière ou du vin, à payer au bar du personnel.

Les cabines des chefs de rang étaient sous la ligne de flottaison et comprenaient quatre couchettes. Le navire roulait de cinq degrés seulement car le France était muni de stabilisateurs antiroulis. J'avais l'impression de ne pas quitter le quai tant le bateau était stable. Les facilités, douches, toilettes étaient bien étudiées et nous rendaient la vie confortable. Nos heures de travail étaient longues. La

journée commençait avec le petit déjeuner vers huit heures trente, les deux services du déjeuner entre onze heures trente et quinze heures et les deux services du diner de dix sept heures à vingt trois heures. Un tiers du personnel environ servait le petit déjeuner, un autre tiers servait le thé l'après midi et le dernier tiers servait dans le cabaret le soir, ce qui pouvait aller jusqu'à des heures avancées du matin. C'est au cours d'un service de cabaret que j'ai eu le plaisir de rencontrer le pasteur Billy Graham, accompagné de sa famille.

Quatre vingt dix pourcent de la clientèle était américaine. La traversée de l'Atlantique prenait quatre jours et dix heures, le décalage horaire entre le Havre et New York était de six heures. Pour être constamment à l'heure actuelle nous changions l'heure des pendules de vingt minutes toutes les trois heures. En venant du Havre le décalage horaire était simple, nous retardions l'heure. Au retour de New York, nous avancions l'heure, ce qui rendait notre travail plus difficile car la traversée en heure constante était plus courte et ne nous permettait pas beaucoup d'heures de sommeil. Le service de première classe était du "super luxe". Chaque station de chef de rang et son personnel s'occupaient de six tables, environ quinze personnes. Les menus du déjeuner et du diner, ainsi que les spécialités changeaient tous les jours (Photo 65). Comme sur les autres paquebots de la Compagnie, les plats arrivaient des cuisines sur des plateaux en argent. Le découpage et la présentation se faisaient devant les clients. Si quelqu'un commandait un faisan à la Souvarov en

marmite pour une personne ou un bar au Chablis, la pièce entière était présentée, découpée et servie, ce qui n'était pas consommé ou servi était renvoyé aux cuisines. Les sommeliers servaient les cocktails et les vins, choisis sur une carte digne des meilleurs restaurants du monde. Les hors d'œuvre étaient disposés sur la table du Commandant qui n'était utilisée que deux fois lors de la traversée: au départ et la veille de l'arrivée. Parmi les hors d'œuvre il y avait deux kilos de caviar présenté sur un socle de glace, plusieurs pièces de jambon fumé, du saumon fumé et du foie gras truffé en gelée. Le personnel de la salle à manger était très professionnel et avait beaucoup de classe. Quand le Commandant utilisait sa table, c'était pour entretenir des célébrités ou des personnes très importantes.

[Photo 65 Les menus de la Compagnie Générale
Transatlantique de 1950 à 1964]

LES CROISIÈRES DU FRANCE

Je vais maintenant parler des deux dernières croisières que j'ai faites sur le paquebot France, avant de lui dire adieu et merci.

La croisière du Carnaval de l'année 1963 partait et revenait à New York. Elle durait vingt-six jours environ. Tout le navire était première classe, il y avait mille membres d'équipage pour mille passagers. Il y avait aussi un personnel civil spécialisé qui s'occupait d'organiser les événements et divertissements à bord ainsi que les escales. Ce personnel se servait tous les jours de la salle de spectacle de sept cents places pour présenter les escales à venir. Les passagers étaient américains, canadiens et européens. Quatre vingt quinze pourcent des vivres avaient été embarquées au Havre.

Le 15 Février, deux heures avant la sortie de l'Hudson, il y a eu un fort coup de vent de nord-ouest, le France est resté très stable ce qui a émerveillé les passagers. Le premier arrêt était au large de Everglade City en Floride où le climat était exceptionnel. En rade, pendant l'embarquement des passagers qui se faisaient par navette, le personnel sur le pont arrière a eu le plaisir de pêcher le requin. Il y avait une multitude de requins qui nageaient à la ronde ainsi que des tortues géantes. Le pont arrière se prêtait parfaitement à cette occasion. Nous étions tous penchés sur les balustrades

pour voir le spectacle. Le personnel de pont était en majorité breton ou normand et des pêcheurs accomplis. Ils ont jeté une bouée munie d'un crochet sur lequel était attaché de la viande saignante, les requins tournaient au tour et c'était à qui allait mordre le premier. Quand la bouée a disparu sous l'eau, six matelots se sont précipités sur la ligne, après avoir hissé le requin à bord, ils ont attaché une corde autour de sa queue alors qu'il se débattait sur le pont. Le requin mesurait environ trois mètres de long. Trois marins de chaque côté du requin essayaient de le maîtriser et étaient secoués par ses ébats. Après avoir passé la corde dans l'œilleton d'une poulie ils ont hissé leur proie, un des marins a ouvert le ventre du requin et cinq bébés requins sont tombés sur le pont, les marins les ont jetés par dessus bord. Le requin intéressait les cuisiniers, ils savaient quels morceaux utilisés pour faire de bons petits plats…comme nous disions…les chefs "composent… " Au départ de la Floride le paquebot était complet et prêt pour une belle croisière. Le soleil brillait et le temps était parfait tout le long du voyage à Fort-de-France. A la proue du navire, dans notre aire de repos, nous voyons souvent des dauphins sillonner le long de la coque du paquebot. Le lendemain matin le France est arrivé au large de la Martinique. L'accostage était difficile vue la longueur du navire et, à cette époque, les îles des Antilles n'avaient pas de quai capable d'accueillir un si grand paquebot. Les passagers avaient été informés la veille par le personnel d'information du programme de cette escale. Après le petit déjeuner, les passagers ont embarqué sur les vedettes rapides et très confortables du paquebot pour se rendre à terre, afin de visiter les environs et déguster les

spécialités locales. Au retour nous avons amené les membres du gouvernement local pour une réception officielle suivie d'un bon repas, bien sûr! Les soirées étaient grandioses et à la sortie des casinos, les passagers, en tenue de soirée, pouvaient aller sur le pont supérieur et prendre part à un buffet préparé à leur intention. Une équipe de cuisiniers et de serveurs étaient à leur disposition jusqu'à deux heures du matin (Dessin 66).

[Dessin 66 Buffet sur le pont du France, 1963]

Les traversées entre les îles se sont faites sous un temps magnifique. Le France naviguait au ralenti, sur quatre chaudières, pour la cérémonie de baptême du passage de la ligne de l'équateur. Après le tour des Antilles, le France s'est dirigé lentement vers le Brésil, où nous avons jeté l'ancre dans la baie de Rio de Janeiro pour quatre jours. De nombreux

visiteurs et curieux étaient intrigués par ce magnifique paquebot. La rade était encombrée et après avoir manœuvré entre les autres navires nous sommes arrivés au mouillage.

A la proue quelques membres de l'équipage admiraient la Baie de Guanabara. D'innombrables vedettes et voiliers tournaient autour du France, l'un d'entre eux avait un haut parleur et nous a demandé si nous venions pêcher les langoustes!!

La réflexion était une plaisanterie en référence à la "guerre des langoustes". Il y avait un litige entre les pêcheurs bretons et brésiliens depuis plusieurs années.

L'escorteur Tartu de la Marine Nationale Française patrouillait les eaux brésiliennes pour protéger les pêcheurs bretons. Notre séjour a été sans incident, mais les officiels du gouvernement local ont refusé de venir à bord. Malgré tout, les membres de l'équipage ont pu aller à terre et participer aux festivités du Carnaval. Après cette visite nous sommes retournés aux Caraïbes, vers la Martinique et nous avons jeté l'ancre au large de Fort-au-France. Les passagers étaient très heureux et satisfaits de leur séjour sur le paquebot. Le personnel a fait de nombreuses connaissances et reçu des recommandations pour des emplois futurs. Beaucoup de membres du personnel étaient conscients du fait que l'aviation commençait à dominer les modes de transport. La dernière croisière que j'ai faite sur "mon France" fut mémorable et a duré une huitaine de jours: du Havre à Southampton, puis Lisbonne et Dakar et se terminant à l'île de Madère avant de retourner à Southampton puis au Havre. La majorité des passagers

étant Anglais, nous avons surnommé cette croisière: "La croisière anglaise".

Avant le départ du Havre, la Compagnie Générale Transatlantique avait embarqué une voiture italienne, une Ferrari, sur le pont promenade supérieur. Le pont étant très large, les passagers pouvaient la conduire et même faire des demi-tours. Cette voiture allait être offerte en prix de tombola en fin de croisière, au bénéfice des "Œuvres de la Mer". Puis nous avons mis le cap sur le Portugal et Lisbonne. Nous avons remonté une partie du Tage à petite vitesse et sommes restés au mouillage. Les passagers ont débarqué sur des vedettes comme d'habitude. L'architecture et le monument "Cristo Rei", une réplique de "Cristo Redentor" de Rio de Janeiro, étaient magnifiques à voir (Dessin 68). Le soir nous sommes allés dans les cafés restaurants pour écouter le "Fado", une musique portugaise traditionnelle très ancienne et très poignante. Les Portugaises chantent d'une voix grave et profonde et pleine d'émotion. Elles portaient des robes noires et "vivaient" leur musique, des larmes coulaient sur leurs joues. Un spectacle poignant et très émouvant.

Nous avons dégusté une bouteille de Porto de quatre ans d'âge en écoutant cette musique. Nous avons aussi visité le musée de carrosses antiques (Photo 69). La langue portugaise était très plaisante à écouter. Il a fallu mettre fin à cette visite et nous sommes repartis en mer en direction du Sénégal et du port de Dakar, une autre belle escale.

[Dessin 68 Le Cristo Rei au Portugal, 1963]

[Dessin 69 Les carrosses antiques du musée au Portugal, 1963]

110

Du Sénégal, le France a repris la mer en direction de l'île de Madère. Un paradis d'origine volcanique à six cents kilomètres au large du Maroc. L'île de Madère est un lieu de vacances tout au long de l'année. Son charme local est la culture des fleurs exotiques, sans oublier les bons vins de Madère!! Le paysage est magnifique et contribue à l'économie du pays. Les maisons triangulaires sont très originales et charmantes (Photo 70).

Nous sommes restés en rade au port de Santa Cruz. Les passagers sont allés visiter des caves uniques à bord du mode de transport local: des chariots décorés de fleurs et de rubans de toutes les couleurs, tirés par deux bœufs, ces chariots prenaient de quatre à six personnes. Une fois installés nous avons pris la direction des caves pour déguster des vins de Madère de différents crûs. Le retour s'est effectué de l'autre côté de la rivière et a compris des dégustations supplémentaires. Les passagers et l'équipage ont acheté des bouteilles de leur vin préféré et sont retournés au navire avec quelques maux de tête !! Tous les passagers étaient très satisfaits de cette escale et de la croisière en général. Une fois le diner du Commandant terminé, il y a eu une grande réception au salon pour le tirage de la tombola. Un passager américain, qui ne manquait jamais une croisière de la "Transat" a gagné la Ferrari. De retour à Southampton nos amis anglais ont débarqué, puis de retour au Havre, le passager américain a débarqué ainsi que sa Ferrari. La Compagnie était très contente que ce petit bijou soit allé à ce fidèle client.

Après quinze ans passés sur les navires de cette

magnifique Compagnie je devais prendre une décision.

Un an avant la fin de ma carrière à bord de paquebots et trois ans après mon divorce, j'avais fait la connaissance d'une charmante jeune fille en Juin 1963 (Photo 71).

Elle était née et habitait dans le quartier des Misérables, au 9 Impasse Cosette près des escaliers Jean Valjean au Havre-Graville. Ce quartier a une très belle histoire qui a été immortalisée dans l'œuvre romantique et dramatique de Victor Hugo (Photo 72).

Triangular shaped houses, typical of the town of Santana on the north coast of Madeira

[Photo 70 Les maisons de Madère, 1963]

[Photo 71 La belle Andrée]

[Photo 72 Impasse Cosette, Le Havre, 1963]

Cette jolie jeune fille travaillait chez une famille qui avait deux enfants à côté de mon appartement. Je la voyais

quitter son travail tous les jours vers les huit heures du soir. J'ai décidé de l'approcher au volant de ma Renault R8 rouge. Je lui ai demandé si je pouvais l'accompagner jusque chez elle. Elle attendait depuis longtemps que je me présente, elle gardait un œil sur les allées et venues du paquebot France de la fenêtre de ses employeurs... cela pendant trois ans...quelle patience! Le jour où elle a accepté de monter dans ma voiture, nous avons passé sa maison et avons continué jusqu'à la plage Sainte Adresse pour avoir plus de temps de parler. J'avais appris que son nom était Andrée, par l'intermédiaire de la voisine de mes parents. Andrée, par contre ne connaissait pas mon nom. Nous avons décidé de nous appeler par nos prénoms pour faciliter les rapports. Après avoir déposée Andrée à son domicile Impasse Cosette, j'étais très heureux d'avoir fait sa connaissance. Nous nous sommes revus très souvent. Au retour de mes voyages je trouvais un petit mot dans ma boîte aux lettres. Nous nous sommes mariés cinq mois après avoir fait connaissance. J'ai épousé ma belle Andrée le Mardi 24 Septembre 1963 à cinq heures de l'après midi au Havre, trois heures seulement après mon retour au port. Nous avons terminé cette joyeuse journée au Restaurant de Bière Paillettes avec nos parents. Je dois terminer cette histoire d'amour avec la navigation par un triste adieu à la Compagnie Générale Transatlantique et en particulier à ce magnifique paquebot: le France sur lequel le prestige de la gastronomie française naviguait les mers et les océans du monde. Le France rendait les Français ainsi que les marins fiers de notre pays. Quelle tristesse de quitter ce magnifique

joyau. Le France aurait pu être utilisé comme une école de gastronomie culinaire et d'hôtellerie. Ancré près d'un pont sur la Seine en Normandie il aurait pu être ouvert au public en y ajoutant un casino, un hôtel et quelques magasins.

J'ai aussi toujours pensé que le France aurait été l'endroit idéal pour ouvrir le musée de la "Transat", qui a une extraordinaire histoire de plus de cent ans. Cela aurait aidé l'économie de la Haute Normandie, car la ville du Havre avait été détruite aux trois quarts pendant la seconde guerre mondiale.

Mais le gouvernement et le Président de la République n'ont pas compris et n'ont pas pris en considération ce que l'image du France pouvait encore apporter. Ils ont préféré le laisser se détériorer à quai pendant trois ans (Photos 73 et 75). Je dois remercier tous ceux qui dont participé à sa construction, à la création de son image et de son prestige et à la mémoire de sa marraine, Madame de Gaulle leur dire: "…soyez fiers de votre magnifique chef d'œuvre, disparu à jamais…"

[Photo 73 Le paquebot France en 1975, accompagné de ma belle fille Anne Marie, de ma fille Sophie et de notre fils Robert John]

J'ai eu le plaisir d'être en salle à manger le 8 Juin 1964 pour le Diner de Gala célébrant les cent ans de présence de la Compagnie Générale Transatlantique sur la ligne Le Havre-New York.

Cent ans auparavant, le paquebot Washington, battant pavillon français, a pris la mer au Havre le 15 juin 1864. Il est arrivé à New York treize jours et douze heures plus tard, le 29 Juin 1864. Le menu de cette soirée comprend, sur le revers, la liste chronologique des navires en service sur la ligne de New York depuis le 15 Juin 1864. Ma copie du menu a été signée par le Commandant de bord J. Ropars. Je salue tous les marins au long cours qui ont participé à cette fantastique épopée de cent ans de présence de la

"belle France" comme disent nos amis américains.

Andrée, mon épouse, et moi avons décidé d'organiser notre vie conjugale de façon plus romantique. Je pensais trouver un emploi de maître d'hôtel à Paris mais, hélas, cela n'a pas été possible car la France souffrait de chômage dans les années soixante. J'ai proposé à Andrée d'émigrer aux États-Unis, elle a accepté, ce qui mettrait fin aux longues séparations.

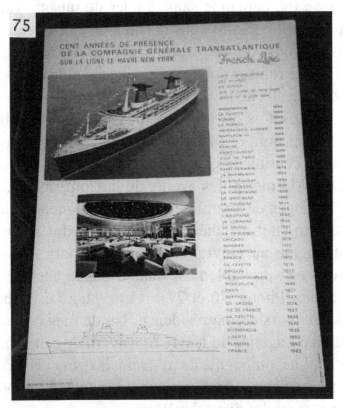

[Photo 75 La liste chronologique des paquebots de la "Transat" de 1864 à 1964]

Jai profité d'un voyage de congé "à terre" pour me rendre, accompagné d'Andrée, au quartier général de la "Transat", au 6 Rue Auber à Paris, pour demander un voyage aller gratuit aux États-Unis, qui en principe, était accordé aux membres de l'équipage avec une conduite exemplaire, ce qui était mon cas. L'officier en charge de l'agence de Paris était un des capitaines avec lesquels j'avais servi sur le Liberté comme garçon d'officier pont. Il a refusé ma demande sans donner de raisons valables. Sa réponse a été :"…Si vous décidez revenir travailler à la "Transat", nous vous payerons vos billets de retour…" Que c'était triste: refuser une si petite chose à un bon employé après quinze ans de loyaux services!!

La "Transat" s'est servi, comme affiche de publicité, d'une photo noir et blanc de cinquante centimètres sur cinquante centimètres, alors que je servais un soufflé au Grand Marnier à des agents de la Compagnie dans la salle à manger de première classe du paquebot Flandre. Cette photo était affichée dans la vitrine des agences de la Compagnie au Havre, Rue de Strasbourg et à Paris, Rue Auber et probablement dans d'autres agences de la Compagnie (Photos 76 et 77). Cette photo est à présent sur un des murs de ma résidence. Un de mes cousins qui travaillait à l'agence du Havre m'a averti de cette photo de publicité. La Compagnie ne m'a jamais demandé mon avis ou consentement…Quel manque de savoir vivre! Vive la France et son administration!!

Mais un petit détail…cet officier, qui m'a refusé ce voyage gratuit, a oublié que j'étais en service à de

nombreuses soirées où j'ai rencontré de nombreuses personnes très influentes à bord du France, en particulier Monsieur Ted Wakefield, un habitué de la "Transat", que nous avions aidé quand il était étudiant à Cherbourg. Il a accepté d'être notre "sponsor" pour obtenir entrée aux États-Unis en remerciement de notre aide et notre service.

Après cette déception nous avions rendez-vous à l'Ambassade des États-Uni pour notre visite médicale et nos papiers d'immigration, ce qui n'était qu'une formalité, grâce au support de Ted Wakefield.

Nous avons également eu le plaisir, en fin d'après midi, d'être invités à visiter le Palais de l'Elysée par mon ancien patron et maître d'hôtel principal de la "Transat". Après sa retraite il est devenu superintendant à l'Elysée auprès du Général de Gaulle. Il nous a donné un tour personnel du palais et des jardins et de la salle où le Général avait donné un discours la veille.

[Photo 76 Ma photo de publicité de la "Transat", 1954]

[Photo 77 Siège de la Compagnie, Rue Auber à Paris]

Après cette longue journée dans la capitale nous sommes rentrés en Normandie en soirée. Il nous fallait un temps de repos pour analyser les résultats de nos démarches. Le jour suivant j'ai fait une demande de congé d'un an, sans solde, à la Compagnie. J'ai obtenu "la proportionnelle", une prime de retraite acquise après quinze ans de service. J'ai quitté le France avec regrets. Il était difficile de quitter son ambiance et mes copains de bord…mais l'amour pour mon épouse l'a emporté. J'ai continué de rêver du France trois ans après avoir donner ma démission. Nous avons pris contact avec notre ami Ted Wakefield, qui habitait Vermillon dans l'état de l'Ohio pour leur annoncer notre date d'arrivée.

Nous avons décollé d'Orly le 11 Août 1964, à bord d'un avion de la PanAm et sommes arrivés à Idlewild, New York

(Photo 78). Nous faisions la queue pour passer les contrôles d'immigration, quand nos noms ont été appelés par haut parleur et qui nous demandait de nous rendre à un bureau où nous attendait un officier de l'immigration, il se leva, nous serra la main en disant: "Welcome to America" et nous a donné nos "cartes vertes", des documents précieux qui nous permettaient d'être résidents permanents des États-Unis. Avant de nous quitter l'officier nous a recommandé: "...Ici on ne plaisante pas avec les impôts ou l'immigration..." L'aventure commençait dans ce beau et grand pays. Une fois les formalités complétées, nous avons été accueillis par nos cousins Bosquer qui habitaient New York. Nous avons passé deux jours à Manhattan, c'était la première visite d'Andrée et nous avons visité le centre de New York City, notamment l'Empire State Building de haut en bas! Notre cousin Raymond était le guide parfait car il connaissait tous les bons restaurants de Manhattan. Après deux jours passés avec nos cousins d'Amérique, nous avons pris le train en direction de Cleveland, dans l'état de l'Ohio. Ce voyage, en traversant l'état de Pennsylvanie, nous a mis tout de suite dans l'ambiance de ce beau pays.

A notre arrivée à Cleveland, Ted Wakefield nous attendait au volant de sa Thunderbird et nous a conduits à Vermillon en prenant la route le long du Lac Érié. C'était une ville très agréable et nous avons fait la connaissance de la famille de notre ami américain et protecteur.

Leur maison était construite sur la presqu'île du Lac Érié. Cette région ressemble beaucoup à la Normandie: les pommiers, le climat tempéré et humide et la verdure à perte

de vue en plein mois d'Août. Nos amis nous avaient réservé une chambre dans un motel au bord du Lac Érié afin de pouvoir nous reposer de notre voyage, une bonne intention de plus. Des gens généreux comme vous allez le voir. Arrivés dans l'état d'Ohio il nous fallait remplir quelques formalités, notamment passer mon permis de conduire afin de pouvoir nous déplacer plus facilement. Après avoir passé la partie conduite du test dans la Thunderbird, je remplissais des papiers quand un officier de six pieds de haut coiffé d'un chapeau noir s'est tourné vers moi et m'a demandé: "Avez-vous votre permis de conduire français? Oui lui répondis-je". Il a demandé à le voir et je lui ai tendu mon permis rose à trois volets. Il m'a regardé étonné par la taille du document et avant que je puisse réagir, il le déchira et le jeta à la poubelle. J'ai essayé de protester mais il m'a dit: "…eh, vous n'en avez plus besoin…voici votre nouveau permis de conduire…et il est même bon en Europe…"

[Photo 78 Andrée, bien soucieuse à Orly avant son premier vol en avion, 1964]

[Photo 79 Andrée et notre nouvelle voiture,
une Ford Mustang, 1964]

[Photo 80 Andrée et Robert à bord du
yacht de la famille Wakefield]

De retour à Vermillon une surprise nous attendait, une Ford Mustang rouge d'occasion "…Vous me paierez plus tard" me dit Ted en me tendant les clés, un témoignage supplémentaire de la générosité des nos amis américains (Photo 80). Après quelques mois à Vermillon nous avons pris contact avec le directeur de Maxim's de Paris à Chicago, c'était le deuxième "Maxim" au monde, le troisième se trouvait à Tokyo au Japon. J'ai obtenu une place d'assistant maître d'hôtel (station captain) en salle à manger. Nous avons dit au revoir à nos amis Wakefield, en les remerciant de leur gentillesse, générosité et patience, et nous avons pris les routes numéros 80 et 90 en direction de l'état de l'Illinois. Il y avait plus de quatre cent "miles" à parcourir sous une tempête de neige, nous sommes arrivés à Chicago après plus de huit heures de route. Dès notre arrivée, nous sommes allés voir le directeur de Maxim's de Paris et avons fait la connaissance du chef de cuisine. Puis nous sommes allés à la recherche d'un appartement proche du Maxim's afin de ne pas avoir à conduire, surtout l'hiver, qui est en général souvent froid et venteux. Alors que nous reprenions notre voiture dans le parking de l'hôtel nous avons vu deux policiers, l'un d'eux pointait un revolver sur un individu qui avait les mains en l'air alors que l'autre le fouillait. Je me suis tourné vers Andrée et lui ai dit "…Welcome to Chicago…"

Le restaurant Maxim's de Chicago, dont la propriétaire était Madame Goldberg, se trouvait dans l'Astor Tower, au 1300 North Astor Street, à quelques centaines de mètres du Lac Michigan. Le restaurant était dirigé par des membres

du Maxim's de Paris en France. C'était un établissement très élégant, au décor de Paris des années trente, il avait cinq étoiles dans le Mobil Travel Guide, l'équivalent du Guide Michelin français. Un orchestre jouait pendant les diners. "Bagatelle Room", la salle des banquets, pouvait accommoder cinquante personnes environ. Tout le personnel était français, sauf les "barmen" qui étaient américains. Andrée a trouvé un emploi faisant la cuisine à une grande artiste de sculture. Elle était aussi la propriétaire des chaussures Florsheim que je porte depuis trente six ans car elles sont de bonne qualité et très confortables. Chicago est une ville intéressante. Un soir, mon service terminé, je suis allé prendre mon imperméable accroché à un porte-manteau derrière la scène de l'orchestre. Il me paraissait lourd, j'ai pensé qu'un de mes collègues m'avait fait une farce et avait mis des cendriers dans mes poches. A ma surprise j'ai sorti un revolver, le contrebassiste, me voyant retirer le "pétard" m'a fait signe en souriant et m'a dit: "….It's mine, put it on the floor!!…" ("C'est le mien, mets le par terre"). Nous avons passé deux belles années à Chicago, d'Octobre 1964 à 1966. Au printemps le Parc Lincoln est vert et en fleurs, il offre une magnifique vue du zoo. La plage était très fréquentée en été et la température de l'eau était chaude, parfaite pour se baigner. Nous avons assisté à de nombreux "meetings" aériens des avions de patrouille au dessus du lac. Notre studio n'était qu'à cinq cents mètres du Lac Michigan et nous nous promenions souvent dans cette direction. Notre studio était situé au onzième étage d'un immeuble, Hanover House, sur

Goethe Street et était très confortable. Le centre de la ville était grandiose et il y avait beaucoup de magasins et de galeries d'art. Nous sommes allés dans une galerie où nous avons acheté un tableau signé "V. Berg" qui représentait le sillage du paquebot France en fin d'après midi sous un coucher de soleil. Les couleurs du ciel et de la mer étaient magnifiques (Photo 80 bis). Nous possédons toujours ce tableau et chaque fois que je le regarde je me souviens de mon extraordinaire expérience.

[Photo 80 bis Le tableau de l'artiste V. Berg]

Chicago est une ville très vivante mais les hivers sont très froids. Les flocons de neige étaient si gros qu'ils nous servaient de rideaux. Ce n'était pas le moment de sortir

la voiture du garage. Le restaurant n'était qu'à un pâté de notre studio ce qui me permettait de me rendre à pied à mon travail. La clientèle du Maxim's avait de la classe. Il y avait beaucoup de célébrités dont quelques artistes français et américains bien connus, tel Charles Aznavour. Je possède toujours le menu d'une soirée offerte en son honneur (Photo 81) ainsi que le menu de Réveillon de fin d'année 1964-1965. Le vestiaire était gardé par un agent de sécurité qui gardait un œil sur les manteaux de fourrure, vison et loutre, que portait la clientèle féminine très élégante. Le bar était luxueux et souvent les clients aimaient beaucoup prendre un cocktail avant de passer à table.

[Photo 81 le menu de monsieur Charles Aznavour et l'assiette du Maxim's de Paris à Chicago, 1966]

Dans le cadre des relations publiques du Maxim's et de mon service, je donnais des démonstrations de service et de découpage à la télévision. Une fois par mois, je me rendais au studio et en direct, pendant le journal du matin, je répondais aux questions concernant la cuisine et la gastronomie française, tout en faisant des démonstrations dans une cuisine aménagée à cet effet. Notre première année à Chicago nous a permis de préparer un grand événement, Andrée attendait un enfant au mois d'Octobre 1965, mon épouse voulait un garçon. Notre petit Robert John était au point de venir au monde!! Andrée est entrée à Grants Hospital, près du Parc Lincoln et a donné naissance à son garçon tant désiré le 23 Octobre 1965. Nous étions très joyeux d'accueillir notre "petit Minou". Elle l'appelle toujours par ce surnom, un terme affectueux que les Français donnent à leurs chats (Photos 82 et 83). J'ai offert à Andrée un magnifique service en argent pour célébrer la naissance de notre bébé. Je l'avais acheté à Marshall Fields, un grand magasin de Chicago, et il est toujours en notre possession. Nous avons nommé notre fils "Robert" une tradition, son deuxième nom est "John" en honneur du Président John F. Kennedy, qui a été assassiné le 22 Novembre 1963. Le monde entier l'aimait, sa femme Jacqueline, née Bouvier, était d'origine française. Les grands parents Aubert et Boudesseul, ainsi que le reste de la famille ont accueilli cette naissance avec joie. Avant d'aller présenter notre bébé à nos familles en France, nous sommes retournés chez nos amis Wakefield à Vermillon pour célébrer le baptême de Robert John.

*[Photo 82 "Minou, notre bébé arrive au monde
à Chicago le 23 Octobre 1965]*

*[Photo 83 Le petit Robert John à quatre ans salue
le Président J.F. Kennedy en sa mémoire]*

Après cette célébration, nous avons pris deux semaines de vacances pour visiter notre famille en France. Nous avons été invités à diner tous les jours, c'était la fête!! Notre séjour en France a été merveilleux, mais malheureusement trop court et il a fallu rentrer aux États-Unis et reprendre le travail. De retour à Chicago, en plein hiver, je suis retourné travailler au restaurant. J'avais de très bons rapports avec un chef de cuisine de la Nouvelle Orléans et il m'a offert l'emploi de sous directeur du Plimsoll Club, un grand club de millionnaires à la Nouvelle Orléans en Louisiane. Ce nouveau contrat consistait à former une brigade de salle

à manger et de leur donner des cours d'école hôtelière. Après réflexion et les avantages financiers offerts j'ai accepté l'emploi de sous directeur du club. Avant de quitter Chicago, nous avons fait nos adieux à nos amis et mes patrons en les remerciant de leur considération et en regrettant un peu de partir. Nous avons acheté une nouvelle voiture, une Chevrolet Caprice, pour être plus en sûreté sur l'autoroute et nous avons remboursé le prix de la Ford Mustang aux Wakefield.

Nous avons pris la route en direction de sud des États-Unis sur l'autoroute numéro 57. Nous nous sommes arrêtés à Gary, Indiana pour faire nos adieux à des amis que j'avais connus sur le paquebot France et revus chez Maxim's. Ils habitaient une grande propriété avec tout le confort et une piscine, naturellement. Nous allions souvent leur rendre visite en fin de semaine et nous occupions leur "guest house" ou maison d'invités. Avant notre départ ils nous ont offert une assiette du Maxim's de Chicago. Après notre court séjour chez nos amis, nous avons pris l'autoroute numéro 55 en direction du sud. Nous avons fait un autre court arrêt à Memphis au Tennessee et après trois jours de route nous sommes arrivés à la Nouvelle Orléans. Cette ville avait bien changé depuis ma dernière visite sur le paquebot Flandre en 1955. Notre arrivée se fit en plein Mardi Gras, une tradition très ancienne datant de 1857. Canal Street était comble, pleine de chars couverts de fleurs et de gens en fête. Nous avons réussi à traverser la ville pour nous rendre à notre appartement à Gretna, une banlieue de la Nouvelle Orléans sur la rive opposée

du Mississippi. Notre voiture était couverte de fleurs et de guirlandes lorsque nous sommes arrivés à notre nouveau domicile. Quelle arrivée réussie!! Le lendemain je me suis rendu au Plimsoll Club situé au bord du Mississippi au trentième étage du 2 Canal Street. A l'étage supérieur, il y avait un grand salon et un bar, l'étage entier tournait lentement ce qui permettait aux membres du club et leurs amis d'avoir une vue panoramique de tout la ville alors qu'ils buvaient leurs cocktails avant de descendre au restaurant. Le club avait la forme d'une étoile à quatre branches. La salle à manger, de deux cent cinquante places, occupait la première branche et donnait sur le Mississippi, les cuisines se trouvaient dans la deuxième branche avec une vue du Golfe du Mexique et du Mississippi, la troisième branche hébergeait les salles privées et la quatrième branche était le siège des bureaux de la direction et de l'administration

[Photo 85 L'assiette de la Nouvelle Orléans]

[Photo 86 Robert, sous directeur de Plimsoll Club et le sous chef des cuisines à la Nouvelle Orléans]

Le climat de la Nouvelle Orléans est humide mais ensoleillé. Quand il pleut les trottoirs et souvent les rez-de-chaussée sont inondés, une nuit à deux heures du matin il y avait dix centimètres d'eau dans notre chambre à coucher. Nous sommes montés au première étage afin d'être en sûreté et à sec, surtout avec un enfant en bas âge. Une grande majorité de la population parlait et comprenait le français mais afin de comprendre l'Arcadien il nous fallait tendre l'oreille. J'étais plaisamment étonné de constater que la population était digne de notre ancienne culture. Quatre-vingts pourcent du personnel que j'ai embauché pour servir en salle à manger était de la Nouvelle Orléans et comprenait le Français. Je leur ai enseigné tous les secrets du métier et j'ai eu le plaisir de former une brigade à la hauteur de la réputation du club.

Le chef de cuisine, mon ami, était aussi le directeur de l'établissement, et avait moins de problèmes car tout son personnel était Français et professionnel. Il cuisinait "à la française" et le menu du club ressemblait fortement á celui du Maxim's de Chicago. Pendant mon contrat d'un an j'ai formé de très bons rapports avec des habitants de toutes les régions des États-Unis. Parmi eux, un client m'a proposé de diriger son restaurant "Le Petit Paris" à Washington dans le District de Colombie. Ce restaurant était situé très près de la Maison Blanche au 1215 Connecticut Avenue N.W. Mon contrat au Plimsoll Club venant à échéance, j'ai accepté ce nouveau contrat d'un an qui me donnait aussi des conditions financières plus avantageuses, nous voulions également visiter la capitale fédérale des États-

Unis et voyager dans le pays avant de nous fixer dans un endroit intéressant. La clientèle du Petit Paris était constituée en majorité de politiciens et célébrités. J'ai eu l'honneur d'organiser une soirée pour l'anniversaire de Maurice Chevalier pour célébrer ses quatre vingts ans, le 8 Novembre 1967. Washington D.C. a tenu à marquer la dernière visite de ce Français par excellence et le plus célèbre interprète de la chanson française. Les États-Unis l'ont consacré "vedette internationale". Sa visite avait aussi inclus Chicago et New York. Dès son arrivée, après une conférence de presse très réussie, Maurice Chevalier a reçu des invitations de tous côtés. Pour son diner d'anniversaire au Petit Paris, les propriétaires, père et fils, ainsi que le chef de cuisine et sa brigade ont préparé un délicieux diner au champagne y compris un fameux gâteau d'anniversaire. La musique ainsi que le drapeau tricolore de la belle France étaient au rendez-vous. La soirée a été présentée et le diner servi sous l'œil vigilant du maître d'hôtel, Robert Boudesseul (Photos 87 et 88). Ce fut un grand honneur de pouvoir servir un tel artiste français, Maurice Chevalier a signé mon menu de la soirée avant de nous quitter pour d'autres invitations.

[Photos 87 et 88 Le menu signé par Maurice Chevalier, du diner au restaurant "Le Petit Paris" à Wahington D.C.]

La capitale fédérale doit son nom au premier Président des États-Unis (1789-1797). Il était né en Virginie et était aussi un des fondateurs de la République. Notre famille a visité sa résidence à Mount-Vernon (Photo 89) ainsi que le monument érigé en son honneur dans la capitale. Le libérateur de l'Amérique lors de la guerre d'Indépendance, avait été assisté par le Marquis de Lafayette et le Comte de Rochambeau au cours des batailles de Trenton et de Yorktown. En 1789 Président Washington a donné l'autorisation à l'architecte français, François Pierre l'Enfant, de dessiner les plans de la ville. Notre année dans la capitale a passé très vite tant il y avait de musées et de monuments à voir, c'est une ville très impressionnante. Nous avons également visité la

Cave de Luray en Virginie (Photo90).

J'avais gardé contact avec mes collègues de Chicago, notamment Harry, mon ami hollandais. Harry travaillait autrefois sur les paquebots de la Holland American Line. Je l'avais recommandé au Maxim's de Chicago où il a travaillé pendant deux ans en temps que chef de table. Ensuite il est parti en Californie à la recherche d'un nouvel emploi dans un restaurant français. Il a été embauché dans un très beau restaurant: "La Bourgogne" à San Francisco, un restaurant de cinq étoiles dans le Mobil Travel Guide. Le propriétaire était à la recherche d'un maître d'hôtel professionnel pour diriger son établissement. Mon ami Harry m'a mis en contact avec son patron qui cherchait un candidat depuis longtemps. Il m'a téléphoné à Washington D.C. et après un bref entretien il m'a proposé le poste de maître d'hôtel et j'ai accepté ses conditions d'emploi. Apres avoir traversé les États-Unis du nord au sud deux ans auparavant, nous nous apprêtions à les traverser d'est en ouest, ce qui allait prendre plus de six jours de route. Avant de quitter la capitale le 24 Avril 1968 nous nous sommes préparés pour cette longue et ardue randonnée. Nous avons attaché une remorque appelée un "U-Haul" à l'arrière de notre Chevrolet Caprice (Photo 91). Nous avons pris trois conteneurs réfrigérants: deux dans le coffre arrière et un à l'avant de la voiture près d'Andrée qui préparait des sandwiches à la française alors que je conduisais. Bien entendu de bonnes bouteilles de vin rouge étaient au rendez-vous à l'arrivée dans les motels où nous passions la nuit. Il n'était pas question de s'arrêter en route

135

pour le déjeuner. Nous avions pris toutes les précautions nécessaires avant notre départ. Toute la banquette arrière était réservée à notre fils qui était confortablement installé parmi des oreillers et couvertures ainsi que quelques jouets, il avait à peine deux ans et demi.

[Photo 89 L'assiette du Mount Vernon]

[Photo 90 L'assiette de la Cave de Luray]

[Photo 91 La Chevrolet Caprice et le "U-Haul"]

Nous avons quitté Washington D.C. en direction de l'ouest des États-Unis. Nous étions sur l'autoroute numéro 70 vers huit heures du matin en direction de l'état de l'Ohio, notre première arrêt fut la Capitale des Arts: Columbus. Nous parcourions environ cinq cent "miles" par jour (huit cent vingt six kilomètres). Vers dix-huit heures, nous commencions à chercher un motel pour passer la nuit. Une fois installés, nous allions plonger dans la piscine du motel pour nous délasser, un moment bien mérité. Après avoir dressé la table et branché notre petit réchaud électrique nous étions comme chez nous. Toute la famille était à table devant un bon diner à la française et un bon lit pour passer la nuit. Tous les matins, après le déjeuner, j'appelais mon patron à San Francisco pour lui donner notre position. Mon contrat spécifiait qu'il prendrait en charge nos frais de déplacement et d'hébergement.

Le deuxième jour nous avons passé la ville célèbre pour ses courses d'automobiles: Indianapolis dans l'état de l'Indiana. Nous avons rejoint l'autoroute numéro 80 vers le nord ouest et nous nous sommes arrêtés, à la fin de la journée, dans la ville de Davenport dans l'état de l'Iowa. Le lendemain nous sommes entrés dans l'état du Nebraska après avoir traversé le fleuve Missouri. En chemin nous nous sommes arrêtés dans une petite ferme pour nous ravitailler en eau potable. Malheureusement nous avons été très mal reçus: une femme d'un certain âge et portant une longue robe noire est sortie de sa maison avec un fusil. Un jeune homme courait derrière elle en essayant de l'arrêter. Apres cette mauvaise réception nous avons repris la route

80 jusqu'à notre troisième arrêt, la ville de Grand Island au Nebraska. Le paysage des alentours était impressionnant, de belles chaînes de montagne s'élevaient de chaque côté de l'autoroute. L'expérience de la veille nous avait bouleversés et a perturbé notre nuit. Nous avons tiré des leçons de cette rencontre et avons pris des précautions le reste du trajet. Le jour suivant nous sommes entrés dans l'état du Wyoming. Le cinquième jour nous sommes arrivés en Utah, après avoir passé Salt Lake City nous avons traversé le désert, une rude et longue conduite: une autoroute toute droite de plus de cent "miles" nous attendait. Il fallait prendre des précautions, vue la distance, afin de ne pas tomber en panne d'essence. Je me demandais si cette route n'allait jamais en finir!! Notre avant dernier arrêt nous a amenés à la petite ville de Battle Mountain dans l'état du Nevada. Quel soulagement!! Le jour suivant nous avons traversé la ville de Reno au Nevada. Nous commencions à voir des panneaux qui annonçaient San Francisco. Enfin, nous voilà en Californie, nous approchions de notre but et nous avions un peu moins de vingt quatre heures de route à faire. A la vue du Bay Bridge à San Francisco, nous étions très heureux et nous nous sentions récompensés de nos efforts. La traversée des Etats-Unis de part en part a été une merveilleuse occasion d'admirer ce beau pays extraordinaire. Nous sommes entrés à San Francisco en traversant le Bay Bridge qui dominait la baie et les alentours. Nous nous sommes dirigés vers le restaurant La Bourgogne, situé au 320 Mason Street pour rencontrer le propriétaire pour la première fois. Traverser cette ville avec un "U-Haul" n'était pas facile, les rues montaient et

descendaient presqu'à la verticale nous donnaient un peu le vertige. Nous avions hâte d'arriver....Ouf enfin!! Après avoir fait la connaissance de mon nouveau patron et du personnel y compris le chef de cuisine, j'ai eu le plaisir de revoir mon ami Harry qui m'avait recommandé pour cet emploi. Nous avons logé chez le propriétaire pendant deux semaines afin de trouver un appartement pas trop loin de la ville. Nous en avons trouvé un assez rapidement à South City, au sud de San Francisco. Nous avons loué un appartement dans un endroit très tranquille avec une piscine, car le climat de la Californie peut être assez chaud (Photo 92). Nous y sommes restés quatre ans. Ces quatre années de travail et d'économies nous ont permis d'acheter une maison de trois chambres à crédit dans la ville de San Bruno, au 321 Alcott Road, située dans la partie la plus élevée de la ville (Photo 93). La maison était très proche du stade de football américain des 49ers, notre équipe préférée. Passionnés de football américain nous avions acheté deux sièges au centre de la tribune à la hauteur de la ligne centrale (Photo 94). Nous pouvions aussi voir les avions décoller et atterrir de l'aéroport de San Francisco. Après cinq ans aux États-Unis, j'ai décidé de devenir un citoyen américain. J'ai obtenu ma citoyenneté en 1970 et bien sûr nous avons célébré au champagne. Toute notre famille possède deux nationalités: française et américaine. Nous avons pris cette décision en remerciement de l'accueil chaud que nous avons reçu aux États-Unis et en reconnaissance du sacrifice des Américains lors de la libération de la France. Ma situation au restaurant La Bourgogne était très importante,

j'étais le directeur de salle et m'occupait de l'accueil des clients et du service en salle. Je devais garder un œil sur l'ensemble de la salle, décrire les spécialités du menu aux clients et superviser les garçons à leurs stations. Après avoir observé le fonctionnement de l'établissement j'ai apporté quelques modifications au service en salle. J'ai accordé une grande importance au découpage des viandes (Photo 95). Le personnel de ce restaurant était cosmopolite: il y avait en salle six Français, trois Allemands, deux Suisses, deux Hollandais, dont mon ami Harry et un seul non Européen, un Chinois qui tenait le bar (Photo 96). La brigade de la cuisine était entièrement française, sauf le pâtissier qui était Suisse. Les menus de la cuisine étaient dignes des meilleurs restaurants français. Une très bonne brigade pour un restaurant de cinq étoiles.

[Photo 92 La piscine de notre appartement à South City, 1968]

[Photo 93 Notre maison à San Bruno, Californie]

[Photo 94 Les passionnés des 49ers au stade de San Francisco]

[Photo 95 Robert, le maître d'hôtel du restaurant
La Bourgogne, San Francisco, Californie]

[Photo 96 La brigade du restaurant La Bourgogne]

La Bourgogne avait une capacité de cent dix sièges. Nous servions deux cents personnes chaque jour du premier Janvier au trente et un Décembre. Il y avait beaucoup

de conventions, la clientèle était très classique et de très nombreuses célébrités venaient au restaurant. Parmi elles, le propriétaire du Cirque Barnum que j'avais servi sur le paquebot France, j'ai eu aussi le plaisir de prendre soin du propriétaire de Moët et Chandon d'Epernay qui, après un bon diner, m'a invité à venir le voir en Champagne. Accompagné de mon épouse, Andrée et de notre fils Robert John nous sommes allés en France pour trois semaines de vacances afin d'avoir le plaisir de visiter notre grande et belle famille et les caves de Champagne. Nous avons eu un superbe diner au champagne au petit Trianon, le restaurant de Moët et Chandon à Epernay. Nous avons été reçus par le fondé de pouvoir qui nous a fait visiter la région et les caves de Champagne, c'était une très belle expérience. Nous sommes restés à l'Hôtel d'Épernay pour quelques jours afin de pouvoir visiter d'autres caves, Taittinger, etc. Un grand merci à tout ce beau monde. Puis il était tant de retourner en Californie.

Andrée restait à la maison pour s'occuper de Robert John et parfaire son éducation. Elle le conduisait à l'école chaque matin dans sa petite Ford Pinto. Robert ne devait parler que le français à la maison et l'anglais à l'extérieur afin d'être également confortable dans les deux langues. Ce qui a donné de bons résultats car aujourd'hui il parle trois langues parfaitement y compris l'espagnol. Notre fils Robert allait avoir huit ans, il travaillait bien à l'école et nous avons décidé de lui offrir un chien pour son anniversaire. Nous sommes allés à une exposition de chiens de toutes races à South City. Nous avons admiré un collie au regard

presque humain, malheureusement ces chiens perdent beaucoup de poils, ce qui rend difficile l'entretien de la maison. Nous avons décidé d'acheter un caniche standard, car cette race perd peu de poils. Un dimanche, notre jour de congé, nous sommes allés à Oakland, de l'autre côté de la Baie de San Francisco, chez un éleveur de caniches pure race. Il y avait neuf petits chiots qui sautaient de joie autour de nous, ils avaient à peine neuf semaines et étaient tous adorables. La mère de ses petits était présente et était d'une grande beauté, elle s'appelait Glory Svengali, le père, Elegant Black Mambo a gagné trois médailles dans différents concours. Les deux parents étaient enregistrés à l'American Kennel Club de New York City. Après le choix de notre fils et une fois les formalités complétées, nous avons pris le chemin du retour. Andrée et Robert étaient assis à l'arrière de la voiture avec le petit chien et lui cherchait un nom. Nous avions beaucoup de choix de noms mais rien ne leur plaisait. Je me suis mis à chanter la chanson d'Edith Piaf: "Milord". Ils ont aimé mon choix et c'est ainsi que notre petit caniche a été baptisé "Milord de Normandie" sur la route de San Francisco le 23 Septembre 1973. Les jours suivants Robert et Milord étaient inséparables. Milord sautait sur Robert dès qu'il revenait de l'école (Photos 97 et 98). Andrée a décidé de prendre des cours pour apprendre à toiletter et tondre les chiens dans un établissement à Burlingame City. Après deux ans de cours elle a obtenu son diplôme d'excellence le 20 Novembre 1975. Chaque jour Milord était brossé et chaque semaine il était toiletté et souvent tondu. Il

était la joie de la famille. Ma situation devenait de plus en plus importante ainsi que les revenus. Les enfants de mon premier mariage venaient passer des vacances en Californie chacun à leur tour et nous étions toujours très heureux de les accueillir. Chaque fin de semaine nous partions en visite: la Baie de San Francisco ou les environs, nous sommes aussi allés au zoo de San Diego, en revenant nous nous sommes arrêtés à Hollywood pour visiter des studios de cinéma. Les touristes que nous étions étaient enchantés par la Californie (Photo 98).

[Photo 97 Notre fils, Robert John, et son chien Milord]

San Francisco est une ville cosmopolite de tous les points de vue. Les restaurants représentent tous les pays du monde et la cuisine est de très bonne qualité. Je

pensais qu'un jour j'aurais l'ambition d'ouvrir mon propre restaurant. Après avoir travaillé au Bourgogne plus de huit ans, nous sommes allés un dimanche à Carmel.

Cette petite ville située à cent soixante "miles" (deux cent cinquante kilomètres) au sud de San Francisco a un goût de Côte d'Azur. La ville nous a tout de suite plu, il y avait sept mille habitants et de nombreux touristes en saison, de Mai à Octobre. Nous avons décidé de nous installer à Carmel car les prospects en restauration étaient très bons.

[Photo 98 Magnifique photo de mes enfants et petits enfants chez ma fille Sophie et son mari Pierre Rodriguez]

Après avoir vendu notre maison à San Bruno nous avons acheté une résidence à Carmel, près d'un lac avec une vue de la Vallée de Carmel. Notre nouveau logement s'appelait un "condominium" ou "condo" aux États-Unis. C'était un très bel immeuble à quelques cinq minutes du centre ville (Photo 99). Le restaurant que nous avons ouvert s'appelait La Marmite. Le décor intérieur était frais et charmant, il y avait quarante cinq sièges. La cuisine était petite et Andrée était "le Chef". Malgré ses bonnes connaissances en cuisine, ma petite épouse était un peu paralysée par l'émotion et ses nouvelles responsabilités le jour de l'ouverture. Je l'assistais de mon mieux le matin avec les préparations et la mise en place. J'étais en salle au déjeuner et au diner et j'ai assumé la direction du restaurant (photo 100). Le restaurant était situé sur la Rue San Carlos, à côté de la rue principale de Carmel, Ocean Avenue sur laquelle il y avait de nombreuses galeries d'art. En été la circulation était quasiment impossible, car il y avait beaucoup de touristes, il ne fallait pas prendre sa voiture pour aller à la poste chercher le courrier, il n'y avait pas de facteurs, il nous aurait pris deux heures pour couvrir les quatre rues qui nous séparaient de la poste!! La plage, au sable blanc avait beaucoup de charme et était très fréquentée. A quelques "miles" de Carmel se trouve l'enclave exclusive de Pebble Beach et son magnifique terrain de golf. Tous les ans les tournois de Bing Crosby et des Présidents se déroulent sur ce terrain de golf de réputation mondiale. Le Pebble Beach Hotel est très chic et grandiose, il y avait deux restaurants, une cafétéria et un excellent restaurant de cinq étoiles, le Club 19. Après les tournois de golf nous allions déguster le délicieux

146

menu du Club avec nos charmants amis, les Lamothes. (Photo 101). En fin de semaine nous allions avec notre beau caniche près du terrain de golf: le rendez-vous des chiens.

[Photo 99 Le joli condo de Carmel]
[Photo 100 La superbe chef Andrée et Robert en salle
de restaurant de La Marmite à Carmel, 1979]
[Photo 101 Avec nos bons amis Lamothes de Pebble Beach]

Notre fils allait à l'école à All Saints Day School et a reçu une bonne et stricte éducation, il a terminé le cycle primaire et a reçu son diplôme le 6 juin 1980. Il était prêt à entrer au lycée (High School). C'était un véritable plaisir de le conduire à l'école, la vue des montagnes des alentours et la rivière donnaient un charme particulier à cette région de la Californie.

Notre fils était entouré d'enfants de célébrités et de commerçants, le commerce et l'hôtellerie sont l'économie principale de la ville. Carmel a une réputation touristique mondiale. Le chef Andrée était très à la hauteur de la tâche. Son talent en cuisine n'avait pas de pareil, que ce soient les entrées ou les desserts, ses spécialités ou la composition et présentation des plats. Elle a obtenu trois étoiles dans le Mobil Travel Guide, le guide de la gastronomie des États-Unis. En hiver la restauration était plutôt calme à part certaines occasions ou lors des Concerts de Musique de grande renommée. Il y avait à l'époque plus de cent soixante quinze restaurants entre Carmel et Monterey, c'est-à-dire, pas assez d'habitants locaux pour être rentable en hiver. Les profits de la haute saison devaient balancer les pertes de la basse saison. Nous avons profité du calme hivernal pour visiter la ville de Santa Barbara située à deux cents "miles" (trois cent vingt kilomètres) au sud de Carmel, sur la recommandation d'un de nos clients de Carmel, Monsieur Michel, qui possédait une très belle maison à Carmel et était aussi le propriétaire d'un motel sur la plage à Santa Barbara. Il nous a donné rendez-vous dans une station d'essence à Goleta, une petite ville à sept

kilomètres au nord de Santa Barbara. Il nous a fait visiter la ville et nous a montré tous les bons emplacements pour établir un restaurant. Monsieur Michel nous a invités à déjeuner et ensuite nous a présentés à un agent immobilier. A l'époque il n'y avait pas de restaurant de haute qualité à Santa Barbara, il y avait une niche à remplir. Cette ville avait plus de possibilités et aussi plus d'habitants, donc plus de potentiel de clientèle. Les locaux étaient plus spacieux et mieux adaptés au commerce. Après mûre réflexion, Andrée et moi avons décidé de nous installer à Santa Barbara au début de l'année 1982. Nous avons loué notre condo de Carmel afin de nous donner le temps d'organiser nos finances et notre futur établissement. Entre temps, George, un agent immobilier de Carmel qui était un de nos bons et fidèles clients, a acheté notre restaurant car il aimait la gastronomie. Nous avons loué une maison sur Foxen Drive au nord de la ville pour nous donner le temps de trouver un emploi. Le travail en restauration ne manquait pas pour un professionnel à Santa Barbara. J'ai fait une demande d'emploi dans un hôtel chic et de très bonne réputation, El Encanto, qui surplombe la ville. J'ai fait la connaissance du chef français qui m'a recommandé au propriétaire. Il était enchanté de trouver un directeur français pour le restaurant de son hôtel, après un bref entretien et avoir revu mes références il m'a donné le poste sure le champ. Le chef de cuisine et moi avons donné le maximum des nos connaissances et savoir faire à ce restaurant splendide. L'hôtel et ses jardins avaient beaucoup de charme. Nous avons eu de très bonnes revues

dans les magazines et de la part des critiques de restaurants. Le restaurant était complet tous les jours (Photo 103).

[Photo 103 Le propriétaire de l'hôtel El Encanto, le chef de cuisine et le directeur de la salle à manger, Robert Boudesseul]

Notre fils Robert, après avoir fini ses études, voulait devenir cuisinier. J'en ai fait part au chef de cuisine de l'El Encanto, qui l'a fait entrer dans sa brigade. Notre fils était très doué et à l'aise en cuisine. Mon personnel de salle était très professionnel. Chaque semaine nous servions un grand nombre de célébrités et personnalités (Photo 104).

[Photo 104 Jacqueline Bisset, Robert Mitchum et Robert Stack sous le regard attentif du directeur, Robert]

[Photo 105 Le restaurant Maison Robert au 1325 State Street à Santa Barbara à côté de Théâtre Arlington]

*[Photo 106 Les affiches de XIXème siècle
au restaurant Maison Robert]
[Photo 107 Monsieur Louis Jourdan à la Maison
Robert avec les chefs Andrée et John et moi]*

*[Photo 108 Photo dédicacée de Monsieur Charles
Aznavour, un grand artiste de la chanson française]*

*[Photo 109 Photo du Calypso de la Société
Cousteau signée par Jean Michel Cousteau]*

Entre temps je regardais et visitait différents emplacements à la recherche d'un endroit satisfaisant pour ouvrir un restaurant. Après deux ans à l'El Encanto, nous avons finalement trouvé un local dans un beau quartier au 1325 State Street, la rue principale de Santa Barbara, très près du Théâtre Arlington. Ce restaurant avait une capacité de quatre vingts places. Nous avons décoré la salle aux couleurs de la Bourgogne avec de très belles affiches de XIXème siècle (Photo 105). Il nous fallait aussi trouver un nom qui indiquerait que ce restaurant était une affaire familiale. Nous avons trouvé le nom qui nous conviendrait le mieux: Maison Robert. Andrée et Robert John et deux autres cuisiniers étaient les chefs de cuisine. Je dirigeais l'ensemble du restaurant qui avait le charme de la belle France. Notre clientèle, dans l'ensemble, était très chic et avait beaucoup de classe (Photo 106). Nous avons reçu d'innombrables célébrités parmi lesquelles Monsieur Louis Jourdan que nous avons invité après son rôle dans la pièce "Gigi" au Théâtre Arlington (Photo 107). Nous avions plus de cinquante photos de célébrités dédicacées encadrées sur les murs du restaurant. Monsieur Charles Aznavour a donné une excellente soirée au Théâtre Arlington. Après le spectacle il est venu diner à la Maison Robert accompagné de dix personnes, sa photo dédicacée était aussi accrochée sur un des murs (Photo 108). J'avais eu l'occasion de prendre soin de ce grand artiste au Maxim's de Chicago. Nous avons eu aussi la visite de Monsieur Jean Michel Cousteau et des membres d'équipage du Calypso (Photo 109).

J'ai toujours aimé la restauration et les contacts avec la clientèle. Andrée et moi avons formé et éduqué le personnel de la cuisine et de la salle à manger. Généralement j'embauchais des étudiants du collège ou de l'université de Santa Barbara (UCSB). Je leur donnais des cours sur le service et l'étiquette, je voulais leur passer mon savoir faire. J'ai obtenu de bons résultats. J'ai formé deux cent quatre vingt dix étudiants au cours des neuf ans que nous avons été propriétaires de la Maison Robert. Je n'ai jamais renvoyé un seul d'entre eux. Leurs départs étaient dus au changement normal de la vie de collège ou à leurs départs pour d'autres universités. J'ai reçu pendant longtemps des cartes de Noël de ces anciens "employés". Quelques fois leurs parents leurs rendaient visite au cours du week end et ils allaient diner dans d'autres restaurants. De retour au travail les jours suivants, ils me rapportaient les défauts et les qualités de mes concurrents. Ces jeunes gens auront, dans l'avenir, des situations importantes et ils voudront être traités comme nous traitions les clients à la Maison Robert. Bien savoir manger est un art. C'est ce que j'ai moi-même appris et ce que j'ai toujours continué à inculquer. Je n'ai jamais reçu de reproches à notre restaurant quant à la qualité de la cuisine, avec une exception: Une charmante dame européenne mais pas française, avait commandé une bouteille de Montrachet de qualité exceptionnelle, mais elle le trouvait trop acide à son goût. Je lui ai recommandé de retirer la bouteille du seau à glace, car ce vin se buvait frais mais pas glacé. "Non" me dit-elle d'un ton hautain, "je ne l'aime pas, donnez moi une carafe de vin blanc de la

maison". J'ai donc pris la bouteille de Montrachet à la cave et l'ai versée dans une carafe que je lui ai apportée. Elle a trouvé ce vin meilleur!! Son compagnon de table avait l'air embarrassé. Ce genre de "connaisseur" ne méritait pas venir manger dans un restaurant trois étoiles. Elle voulait certainement impressionner son compagnon. Une autre anecdote assez drôle: Un charmant couple américain d'un certain âge, dont le mari avait participé au débarquement en Normandie, m'a demandé mes origines après le diner, je lui ai répondu que j'étais de Normandie. Sa réponse m'a surpris: "J'aime la France mais pas la Normandie", pour une simple raison, les habitants de cette région lui avaient demandé de payer pour de l'eau potable. Je lui répondis que, à cette époque, nous n'avions aucune ressource pour nourrir et vêtir nos familles, nous avions vécu dans la misère pendant ces quatre ans d'occupation. Je lui ai raconté notre rencontre à coup de fusil alors que nous voulions demander de l'eau à une femme au Nebraska…la morale de cette anecdote: Il vaut mieux payer pour l'eau que de recevoir un coup de fusil!!! Notre client a été d'accord et ne s'attendait pas à cette répartie. Je leur ai offert une coupe de champagne avec leurs desserts, non pas pour notre conversation, mais pour le remercier de son courage au cours du débarquement et de la libération. Andrée et Robert était des chefs de cuisine très talentueux (Photo 110). Les pâtisseries d'Andrée n'avaient de pareil dans toute la région et Robert composait des sauces avec beaucoup de savoir faire et de goût, dignes de la gastronomie française. Ses sauces étaient le résultat de son talent et de

sa patience. Il aimait rechercher de nouvelles idées pour les menus du jour.

Sa connaissance et sa maîtrise lui ont valu d'être nommé Maître Rôtisseur et Traiteur le 19 Février 1990. Son intronisation s'est faite dans notre restaurant au cours d'une soirée organisée par la Maison Robert pour la Chaîne des Rôtisseurs, dont je fais aussi partie. Notre restaurant a reçu trois étoiles dans le Mobil Travel Guide des États-Unis. Nous avons reçu de très bonnes critiques et avons été récompensés de nos efforts en recevant "The Silver Spoon Award", littéralement "La Récompense de la Cuiller en Argent" en 1987 donné par les Gourmet Diners of America (Photo 112).

*[Photo 110 Andrée et notre fils Robert, les chefs
de la Maison Robert de 1985 à 1992]*

*[Photo 111 Le chef Robert John et son père,
membres de la Chaîne des Rôtisseurs, 1990]*

*[Photo 112 Récompense des restaurants critiques trois étoiles
par excellence du Mobil Travel Guide et le Silver Spoon Award]*

La ville de Santa Barbara est unique dans son genre
pour son climat et sa tranquillité. Il y a des distractions très

variées: le pique nique des Chefs et aussi la célébration du 14 Juillet chaque année à Oak Park avec le défilé des voitures françaises anciennes accompagnées de beaux caniches standard. La tour Eiffel est au rendez-vous tous les ans!! (Photos 113 et 114). Sans oublier d'autres belles journées et célébrations: La Fiesta mexicaine, la journée italienne, le dimanche grec et beaucoup d'autres. Il y a aussi le Festival du Film au Théâtre Arlington. Beaucoup aimeraient habiter cette région merveilleuse car nous vivons dans un véritable petit paradis.

La restauration est un métier très difficile. Il faut être passionné et avoir beaucoup de courage et de patience, les heures de travail sont souvent très longues. J'ai toujours aimé la restauration et les longues heures ne me gênaient pas, mais hélas, il faut savoir prendre sa retraite un jour et cela me sera très difficile. Ne plus voir mes habitués et dire adieu aux merveilleuses connaissances que j'ai faites dans ce métier. J'ai eu le grand plaisir de servir tant de personnes pendant plus de cinquante ans. Dans les années 1990, il y a eu une récession économique, puis la construction de l'autoroute nous a beaucoup nui: notre clientèle de Santa Barbara, Montecito et Hope Ranch avait des difficultés à venir au restaurant vus tous les problèmes de circulation, en plus de nombreux incendies ont ravagé la région, le feu a détruit plus de trois cents maisons aux alentours de Santa Barbara. Une longue sécheresse à entrainer des restrictions d'utilisation de l'eau. Les motels devaient faire payer l'eau à leur clientèle. Les deux années qui suivirent furent pénibles. Moins de clientèle, faible chiffre

d'affaires…Andrée et notre fils Robert ont donné de leur mieux avec courage. Je suis très fier de leurs efforts et les admire beaucoup, ils ont mon adoration.

Après une cinquantaine d'années dans la restauration et après avoir vécu trente six ans en France et trente six ans aux États-Unis, j'ai enfin décidé de prendre ma retraite et d'écrire ma biographie, et entre temps de jouer au golf à l'association Encina Royale, avec nos amis américains et européens (Photo 115). A un certain moment il faut savoir se retirer dans le calme et profiter du plaisir de ses années de retraite. Nous habitons une très jolie propriété au nord de Santa Barbara et notre condominium donne sur un terrain de golf. Nous avons une vue magnifique de Los Padres National Forest (Photo 116). Nous prenons nos repas sur la terrasse tous les jours, même en hiver. Nous profitons du beau temps onze mois par an environ. Tout est à notre portée. La copropriété nous permet d'avoir accès au "Club House", à une bibliothèque et une belle piscine. Il y a aussi un lac avec des poissons japonais (koi fish). L'hiver on peut parfois voir la neige sur les montagnes, mais elles sont trop loin pour affecter notre climat…

*[Photo 113 La célébration du 14 Juillet à
Oak Park, Andrée est à gauche]*

*[Photo 114 Robert, père, avec une belle caniche
blanche à Oak Park, le 14 Juillet 1998]*

*[Photo 115 Robert, père, le retraité et le golfeur sur le
terrain de golf de notre copropriété à Goleta, Californie]*

[Photo 116 La vue superbe de notre maison]

160

Andrée est ma cadette de quelques années et elle a décidé de continuer à travailler dans sa spécialité en mettant sa connaissance de la cuisine et son raffinement français à la disposition de quelques familles de Montecito, une petite communauté très aisée au sud de Santa Barbara. Elle adore la cuisine française, une passion qu'elle partage avec les personnalités des résidences pour lesquelles elle travaille. Elle a toujours eu beaucoup de respect pour ses employeurs et ceux-ci lui ont toujours témoigné leur soutien et reconnaissance. Notre fils Robert aime toujours la cuisine française, mais sa carrière a pris une direction différente. Il a pris des cours de carrosserie, et a reçu ses diplômes de réparation de carrosserie d'automobile à Los Angeles. Il est maintenant directeur de l'atelier de carrosserie où il travaille. Il aime beaucoup sa nouvelle vocation et a retapé sa Porsche rouge qu'il a exposée lors de la victoire de la France à la Coupe Mondiale de Football (Photo 117). Robert John a toujours été généreux envers ses parents. Il nous a offert une nouvelle voiture pour notre anniversaire de mariage, en reconnaissance nous avons mis une plaque d'immatricualtion en son honneur: "We Love Minou" (Photo 118).

Il nous arrive aussi de passer du temps en famille: parfois des membres de notre famille viennent nous rendre visite ou nous allons en France rendre visite à mes enfants et petits enfants ainsi qu'à de nombreux amis. Sans oublier ma mère qui va sur ses cent ans et dont ma sœur Jacqueline prend très grand soin (Photo 119). Quant à mon père, qui a tant fait pour sa famille, il nous a quittés le 23 Juillet 1990 à l'âge de 91 ans....

Pour terminer mon histoire je veux remercier mes parents et grands-parents et notre belle France que nous adorons à jamais. Je remercie aussi les États-Unis d'Amérique que nous adorons aussi pour leur générosité et leur sacrifice afin de libérer la France et l'Europe. Sans cette nation extraordinaire, le monde ne serait pas le même. Nous sommes très fiers d'être citoyens de ces deux pays qui partagent une belle et longue histoire.

Robert Rémy Boudesseul

*[Photo 117 Robert John et sa Porsche, très heureux
de la victoire de la France en 1998]*

*[Photo 118 La plaque d'immatriculation de notre voiture "We
Love Minou", et Robert John et sa charmante épouse Veronica]*

*[Photo 119 Notre mère Boudesseul qui va sur ses cent ans, en
compagnie de sa fille Jacqueline et de son fils Robert, 2003]*

QUE DIEU PROTÈGE LES
NATIONS UNIES

Ce livre est dédicacé à mon épouse, Andrée, décédée le 16 Novembre 2008.

Avec mon amour éternel.